轻与重
FESTINA LENTE

姜丹丹 何乏笔（Fabian Heubel）主编

罗兰·巴特的三个悖论

[意] 帕特里齐亚·隆巴多 著　田建国 刘洁 译

Patrizia Lombardo

The Three Paradoxes of Roland Barthes

华东师范大学出版社

华东师范大学出版社六点分社　策划

主 编 的 话

1

时下距京师同文馆设立推动西学东渐之兴起已有一百五十载。百余年来，尤其是近三十年，西学移译林林总总，汗牛充栋，累积了一代又一代中国学人从西方寻找出路的理想，以至当下中国人提出问题、关注问题、思考问题的进路和理路深受各种各样的西学所规定，而由此引发的新问题也往往被归咎于西方的影响。处在21世纪中西文化交流的新情境里，如何在译介西学时作出新的选择，又如何以新的思想姿态回应，成为我们必须重新思考的一个严峻问题。

2

　　自晚清以来，中国一代又一代知识分子一直面临着现代性的冲击所带来的种种尖锐的提问：传统是否构成现代化进程的障碍？在中西古今的碰撞与磨合中，重构中华文化的身份与主体性如何得以实现？"五四"新文化运动带来的"中西、古今"的对立倾向能否彻底扭转？在历经沧桑之后，当下的中国经济崛起，如何重新激发中华文化生生不息的活力？在对现代性的批判与反思中，当代西方文明形态的理想模式一再经历祛魅，西方对中国的意义已然发生结构性的改变。但问题是：以何种态度应答这一改变？

　　中华文化的复兴，召唤对新时代所提出的精神挑战的深刻自觉，与此同时，也需要在更广阔、更细致的层面上展开文化的互动，在更深入、更充盈的跨文化思考中重建经典，既包括对古典的历史文化资源的梳理与考察，也包含对已成为古典的"现代经典"的体认与奠定。

面对种种历史危机与社会转型，欧洲学人选择一次又一次地重新解读欧洲的经典，既谦卑地尊重历史文化的真理内涵，又有抱负地重新连结文明的精神巨链，从当代问题出发，进行批判性重建。这种重新出发和叩问的勇气，值得借鉴。

3

一只螃蟹，一只蝴蝶，铸型了古罗马皇帝奥古斯都的一枚金币图案，象征一个明君应具备的双重品质，演绎了奥古斯都的座右铭："FESTINA LENTE"（慢慢地，快进）。我们化用为"轻与重"文丛的图标，旨在传递这种悠远的隐喻：轻与重，或曰：快与慢。

轻，则快，隐喻思想灵动自由；重，则慢，象征诗意栖息大地。蝴蝶之轻灵，宛如对思想芬芳的追逐，朝圣"空气的神灵"；螃蟹之沉稳，恰似对文化土壤的立足，依托"土地的重量"。

在文艺复兴时期的人文主义那里，这种悖论演绎出一种智慧：审慎的精神与平衡的探求。思想的表达和传播，快者，易乱；慢者，易坠。故既要审慎，又求平衡。在此，可这样领会：该快时当快，坚守一种持续不断的开拓与创造；该慢时宜慢，保有一份不可或缺的耐心沉潜与深耕。用不逃避重负的态度面向传统耕耘与劳作，期待思想的轻盈转化与超越。

4

"轻与重"文丛，特别注重选择在欧洲（德法尤甚）与主流思想形态相平行的一种称作 essai（随笔）的文本。Essai 的词源有"平衡"（exagium）的涵义，也与考量、检验（examen）的精细联结在一起，且隐含"尝试"的意味。

这种文本孕育出的思想表达形态，承袭了从蒙田、帕斯卡尔到卢梭、尼采的传统，在 20 世纪，经过从本雅明到阿多诺，从柏格森到萨特、罗兰·巴特、福柯等诸位思想大师的传承，发展为一种富有活力的知性实践，形成一种求索和传达真理的风格。Essai，远不只是一种书写的风格，也成为一种思考与存在的方式。既体现思索个体的主体性与节奏，又承载历史文化的积淀与转化，融思辨与感触、考证与诠释为一炉。

选择这样的文本，意在不渲染一种思潮、不言说一套学说或理论，而是传达西方学人如何在错综复杂的问题场域提问和解析，进而透彻理解西方学人对自身历史文化的自觉，对自身文明既自信又质疑、既肯定又批判的根本所在，而这恰恰是汉语学界还需要深思的。

提供这样的思想文化资源，旨在分享西方学者深入认知与解读欧洲经典的各种方式与问题意识，引领中国读者进一步思索传统与现代、古典文化与当代处境的复杂关系，进而为汉语学界重返中国经典研究、回应西方的经典重建做好更坚实的准备，为文化之间的平等对话创造可能性的条件。

是为序。

姜丹丹（Dandan Jiang）

何乏笔（Fabian Heubel）

2012 年 7 月

目　录

前　言

　　一个人若要研究一位作家就无法回避一个问题,那就是,到底什么是评论——尤其是当被研究者本人还是一个评论家的时候,这个问题就显得尤为迫切。人们总想得到一个明确、可靠的答案,将其用作研究的起点,最好还能同时用作终点。当然,这个问题并没有明确的答案,因为文学评论以另一个相关的问题为中心,这个问题是它的又一个翻版,并对它起着指导及调整作用:即什么是文学? 但文学就是——一直都是,而且终将还是——文学评论的翻版。

　　正是这种质疑无果的经历促使我决定从《写作的零度》开始研究,在本书中,巴特刚涉足评论事业,他竭力寻求文学的定义并明确表达他的写作概念。

　　在我写作的时候,问题逐渐变得非常具体。确定了一个最初的主题或者主旨后,在某个时刻,我意识到页数在膨胀,而论点的证明则依赖于各种想法与碎片的交织来进行:诸如对某个文本或者作者清晰无误的引用，一些句子以其优美的乐感打动我，或者因为它们在一系列论证中起到至关重要的连接而引用。我也不确定到底孰先孰后，是批评释义呢，还是这些炫目的灵光闪现。这真的无关紧要：这也是我仅有的一次认为阅读与写作是可以重合的。在真正决定写作之前，在写作的欲望成形之前，这种重合可以和阅读与写作之间深刻的分歧同时并存。

在这个写作的意愿上我欠罗兰·巴特一个人情，但我欠他的不是方法，也不是一套概念——这些我在别处都能找到——而是一种态度，一个道德观念。不是知识，而是意愿。在《就职演说》中，巴特说道："智慧不是权力，而是一点知识、一点学识，还有尽可能多的情趣。"①

罗兰·巴特：我心目中的大师。我喜欢用这个过时的名字称呼他。几年前在巴黎导农大街举办了一场维也纳建筑师阿道夫·路斯②的作品展览，他在那个研讨会上的情景依然历历在目。我再次参观了我们这个小团体过去时常会面的场所，它现在已经面目全非，变成了一个画廊。研讨会上的得意忘形，罗兰·巴特自己也曾多次对此评论——是友谊的信念，是文学的

① 巴特，《法兰西学院就职演讲》(Inaugural Lecture, College de France)，《巴特读本》(A Barthes Reader)，p. 478(p. 46)。可能的情况下，我都直接引用英语译文。紧随译文页码之后，括号里的是引文的原文页码。

② 阿道夫·路斯(1870—1933)，奥地利建筑师与建筑理论家，现代主义建筑的先驱者。他提出了著名的"装饰就是罪恶"的口号，主张建筑以实用与舒适为主，认为建筑"不是依靠装饰而是以形体自身之美为美"，强调建筑物作为立方体的组合同墙面和窗子的比例关系。——译注

信仰。

我还记得 1978 年 10 月或者是 11 月期间,罗兰·巴特在纽约大学一间巨大而人满为患的礼堂里侃侃而谈的情形。他谈到了普鲁斯特以及他自己要写一本感伤的小说的打算。这是出乎意料的讲座,完全不同寻常,就像预言在现今世界一样——或许,甚至像个人宣言一样少见,尤其是当它们全无丝毫情感在内的时候,因为我们已经如此习惯了专业性和编码语言。

那个房间和他的嗓音,加上他成功者以及孤独的形象构成他这个略带羞涩的人。我并没有倾听这个可谓是上佳的讲座,一次绝妙的学术表演,但我体会到了当时的时间与空间以及真言的意义。

我无意写文章表达对巴特的敬仰,也不想写关于巴特或者结构主义,或者其他任何一类的学术运动的综合研究(已经有好几种此类研究了,而且其中有两个取得非凡的成果:一个作者是安妮特·拉维尔,另一个是斯蒂文·昂加尔)。我想聚焦于在我看来是当代文学与评论中巴特最与众不同的特质,这就是他对文学,以及对文学命运的关注,而在当今世界几乎已没有文学的立足之地。这也是为何我没有采取纪年表的方式,或者论述他所有的著作。我坚持要论述他的一些著作,但忽略其他一些著作,即便它们是他最负盛名的著作,而且为文学研究开启了新的途径(例如《论拉辛》和《S/Z》)。我对巴特的结构主义和符号学无甚兴趣,这是一种标新立异的故作姿态。我要说的是,我更感兴趣的是结构主义的失败,是巴特如何使 20 世纪 60、70 年代的

3

科学梦想失效。我认为,在今天,强调文学思想的宗谱是值得做的,这显然将巴特与19世纪的几位法国作家及普鲁斯特联系在一起,而且几乎出人意料地与雨果·冯·霍夫曼斯塔尔①这样的作家联系起来。在世纪之交,霍夫曼斯塔尔表达了一个深刻的历史危机和他个人对正在逝去的世界的惆怅。自波德莱尔和福楼拜以来,一种模糊性决定了现代作家,或者具有现代性的作家,我将巴特视为这种至关重要的模糊性的一部分。这种模糊性存在于对某种新鲜的、不同的事物所具有的不可抵御的吸引力中,它与过去决裂,而同时无可避免地蔑视当代世界,还有所有那些让我们产生错觉,以为自己属于什么事物的空谈。

我想要追溯那种模糊性的模式,它既是形式上的也是政治上的模式。巴特在一个革命性的与反革命的态度之间摇摆不定,在新的修辞与倾向于过去之间犹豫不决。我研究贯穿巴特事业始终的悖论,不是为了对他进行评判。用巴特的话说,悖论本身难道不是一种表达情感的修辞手段吗?在我们喜爱的作家中,或者是我们痴迷的句子中标记出悖论,这意味着要让他们免于遭受公众的观点、意见的口诛笔伐。这是些庇护性的言辞,使其不被流传,免于堕落,或者被贴上具有还原性的、固定的标签,虽然有时需要它们来达成某种基本的理解。我们总是在简化了的需要——为了使事情清晰明了——与事情总是极其微妙、复

---

① 雨果·冯·霍夫曼斯塔尔(1874—1929),奥地利浪漫及象征主义派诗人、剧作家。——译注

4

杂、精妙的认识之间撕扯。遵从悖论就意味着要意识到,总体而言,语言一方面太贫乏而同时又太丰富。正如布朗肖①所言,矛盾是"文学活动的现实"。②

我在第一章中讨论的第一个悖论有关一个老生常谈,它似乎依附于结构主义的接受:即历史相对主义和形式主义是对立的假设。相反,我认为自从开始文学评论以来,巴特就非常关注历史问题,而且几乎痴迷于此。出于此原因,我认为《写作的零度》尽管是他早期的著作,却依旧是理解他独到的形式主义的根本。巴特随后研究了历史与作家之间的关系,历史被理解作是他自己所属的时代与文学的历史,而他的第一本著作已经包含他随后研究中所有重要的主题。我还要强调他的另外一本不太受到关注的作品的重要性,这本著作几乎是与《写作的零度》同时代完成的,即《米什莱》,它直到 1987 年才被翻译成英文。奇怪的是,在早年期间,巴特开始对结构主义语言学产生兴趣,却发表了研究 19 世纪历史学家的专著。在后面,我将尽力确定他对米什莱③持续关注的含义,他的这种兴趣一直持续到他最后的一部著作《明室》,我将在第三章中讨论本书。文学与历史之间的张力展示了一个关于表现和描述的问题,该问题时常萦绕

---

① 莫里斯·布朗肖(1907—2003),法国作家、哲学家、文论家。——译注

② 布朗肖,《卢梭》(Rousseau),《未来之书》(Le Livre à venir),p. 69。

③ 儒勒·米什莱(1798—1874),19 世纪法国著名历史学家。他在近代历史研究领域中成绩卓越,被学术界誉为"法国最早和最伟大的民族主义和浪漫主义历史学家"、"法国史学之父"。——译注

在巴特以及我们整个一代人心间。对摄影的兴趣使对这同一问题的分析更进一步。

我用了一个很直率的陈述来定义巴特的第二个悖论，这也是第二章的标题："对抗语言"。这些词语极大地挑战了人们在结构主义和后结构主义时代里最普遍的刻板印象，也就是，一切都是语言。我在本章中要将巴特看待语言的不同的、甚至常常是矛盾的态度交织在一起。在这一方面，人们应该坚持关注他1978年在法兰西学院的就职演说，以及我所谓的评论悲剧，它展示出强烈的悖论：就在巴特赋予"符号学"这一个新的学科以相应地位的时刻，他公然拒绝其科学上的装腔作势，宣告了语言的"法西斯主义"，并表达了他对文学的一种乡愁般的爱恋，而且还是以近似于普鲁斯特①美学的词语表述的。

在第三章，关于巴特对现实主义的迟疑又将我们带回到他和普鲁斯特的密切关系中，这在《明室》中尤为明显。可是，我认为巴特赞赏的，他为之投入激情的，以及为他所认同的作家与其说是普鲁斯特，毋宁说是米什莱，那个卓尔不群、毅然决然对抗他所处世纪的作家，那个谈到爱的作家。伴随着米什莱、历史与文学之间的张力开启了我的考察，又作为结论回到原地。虽说巴特大谈特谈他创作小说的欲望并引起了人们的翘首以盼，可是我认为《明室》是他唯一"能"写的一本小说，或许，他想写的是

---

① 马塞尔·普鲁斯特(1871—1922)，20世纪法国最伟大的小说家之一，意识流文学的先驱与大师。——译注

6

篇散文,在其中对摄影的批判性分析与对时间和死亡的凝思在一个非常个性化的研究中完美地融合在一起。

我对批判性写作的理想是:它应该同时具备以下特质:通俗易懂、能够驾驭知识、构建一个论点,它是热烈的,能够被打动的,因而它的情感才能渗透出来(人们可以说,它应该既具有一个声明的力度,也具有一句话语的力度)。虽然可以允许它具有德拉克洛瓦①的色彩,但应该像古典建筑一样明朗、和谐。它应该反映并且吸收思想、解释,以及情感后面的生命力。这难道不是随笔的定义吗,罗兰正是在其生命的末期创造出了这个形式,我相信,它将作为过去二十多年里最有趣、最美丽的一种文学表现形式之一,并超越脆弱不堪的学术风尚而继续存在。

---

① 欧仁·德拉克洛瓦(1798—1863),19 世纪法国著名画家,浪漫主义画派的典型代表。——译注

致　谢

　　第二章的部分内容早期发表于《评论家》423—424(1982 年 8—9 月),题为《对抗语言》:726—733;第三章的部分内容发表于 1982 年春季的《创造精神》第 22 期,题为《最后一本书》:79—87。我希望对以上期刊的编辑表示感谢,谢谢他们能让我发表这些页面的内容及允许重新使用这些材料。

　　应邀参加讲座及宝贵的讨论帮助我理清了自己的思路,尤其是在威尼斯卡福斯卡里大学、阿姆斯特丹自由大学、纽约大学、路易斯安那州立大学、加利福尼亚大学(圣克鲁兹分校和伯克利分校)、维克森林大学[①]等大学的讲座令我获益匪浅。1983 年在普林斯顿大学及 1987 年在南加利福尼亚大学参加的两次研究生研讨班对于本书的完成及出版是弥足珍贵的经历。

　　我要深切地感谢杰西卡·莱文,她将我的手稿初稿妥帖地

[①]　建于 1834 年,是美国一所极负盛名的综合性研究大学。——译注

从意大利语译成了英语。蒂莫西帮助完成了现在这个译本。纳撒尼尔·温及杰弗逊·汉弗莱斯鼓励我将手稿投给了乔治亚大学出版社。弗朗索瓦·沃尔、丹尼尔·拉塞尔,及安托万·贡巴尼翁仔细地而且严格地阅读了本书的一系列版本。在此,很荣幸地对他们的批评表示感谢。

第一章
历史与形式

书籍、写作、语言,注定都要变形,不知不觉中,我们已习惯了这些变形,而我们的传统却仍在抗拒;图书馆因呈现了另一世界的表象而令人印象深刻,在此,我们似乎带着好奇、震撼与敬畏在一次宇宙之旅后,突然间发现了凝固在永恒沉默中另一个更为古老的星球,其残存的痕迹,只有对自己不甚了解的人才看不见。

——莫里斯·布朗肖《未来之书》

形式的代价

人们无法化解语言与历史之间的联系,历史总被理解为现今的傲慢,多少有些像一种生活中无所不在的、朦胧而隐蔽的必需品,是一大堆的神话、乌托邦、制度、潮流。这种联系是无法消解的,也是双重性的:它们同时既是友好的,又是反叛的,对抗的与共谋的,既有一种归属感,又渴望保持距离。起初,大可有理由认为《写作的零度》似乎完全是一部处于存在主义萨特①氛围中的著作。人们只需看看作品集中第一篇文章的标题:《什么是写作》,这让人回想起萨特那个著名的标题《什么是文学》,或者是书中反复出现的诸如自由与责任等术语和主题,就可知一二了。当带着事后诸葛似的聪明与索绪尔符号学中的洞察阅读,《写作的零度》似乎是在文学评论中提前用到并引入了结构主义语言学:"语言与话语的各种方言正是《写作的零度》的基础,这一事实目前并未得到承认。"②这就是安妮特·拉维尔在《罗兰·巴特:结构主义及其后》中的评论,这是一本综合论述巴特思想的著述,它基于索绪尔的语言与言语的区分发展了一个语言学上的论点。

索绪尔通过维戈·布龙达尔③对巴特产生了很大的间接影响,而巴特正是从布龙达尔那里吸收了零度的概念。尽管如此,《写作的零度》却是建立在对历史的反思,或者是一系列反思的基础上的,这些反思有时模糊不清,有时甚至自相矛盾。这种历史意识与形式主义魅力之间的妥协就是我所称的罗兰·巴特的第一个悖论。这常常使巴特的论点晦涩难懂,而后来这个多格

① 让-保罗·萨特(1905—1980),法国20世纪最重要的哲学家之一,法国无神论存在主义的主要代表人物。——译注

② 莱弗斯,《罗兰·巴特:结构主义及其后》(*Roland Barthes : Structuralism and After*),p. 51。莱弗斯指出索绪尔通过梅洛·庞蒂及萨特产生的影响,萨特在上世纪40年代早期曾使用了一些索绪尔的术语,但他并未提及这位瑞士语言学家。

③ 结构语言学三大学派之一的哥本哈根学派的创始人之一。——译注

扎①仅凭着"结构主义"的标签将所有问题简化。尽管如此,并非所有评论家都将《写作的零度》看作是结构主义作品。据斯蒂文·昂加尔判断,它的项目"显而易见是历史性的",他在《罗兰·巴特:欲望教授》中抱怨一些评论家们将巴特早期的著作与结构主义语言学联系起来:"《写作的零度》中的历史项目是双重的:作为一种活动,写作的产品是作家选择如何使用社会规定的文学语言的结果,而巴特正是想要说明写作的社会与历史属性……此外,巴特还勾勒了一个文学研究的计划,他打算从历史上来追溯它与其他社会制度之间的关系。"②产生这本书的两个闪光点正是他的大学经历——他曾在巴黎大学学习,文学史与朗松③主义在那里盛行,④以及在1948—1954期间他在教育界

① 多格扎,巴特自创的词语,指公众舆论、多数人的精神、小资产阶级的一致意见、自然性的语态、偏见之暴力。巴特认为多数人的意见经一段时间的接受就可成为主导意见,成为一种固不可摧的主题,进而成为一种学说。在巴特眼里,多格扎是一种重复的意义,毫无价值的粗劣的东西。——译注

② 昂加尔,《罗兰·巴特:欲望教授》(*Roland Barthes:The Professor of Desires*),p.9。

③ 古斯塔夫·朗松(1857—1934),法国文学史家,文学批评家。1909—1912年编写了《法国近代文学目录学教程》,力图运用史学研究方法来研究文学史,汇集了2.5万条珍贵的文学资料。他的研究方法论被称为朗松主义。朗松接受泰纳关于文学与时代、社会、环境的关系的理论,把它运用于文学史研究,但不局限于文学的编年史和作家生平与作品的介绍,还注意考察文学源流以及文学与客观环境的关系。——译注

④ "朗松作为法国教授的原型,他的著作、方法、精神已通过无数蹩脚的追随者控制了学术批评整整有50年"(巴特,《什么是批评》(What Is Critism),《批评文集》(*Critical Essays*),p.256(p.253))。师从巴特的安托万·贡巴尼翁最近出版了关于古斯塔夫·朗松以及朗松主义的研究成果:《文学第三共和国:从福楼拜到普鲁斯特》(*La Troisième République des Lettres,de Flaubert à Proust*)。

从事不同工作①的经历——还有存在主义——那些最初发表在阿尔贝·加缪②主编的《战斗报》中的以后构成《写作的零度》的文章。如果认为巴特这时为了表现存在主义而清除大学文学史的印记，这种想法未免过于简单。正如拉维尔指出，在 20 世纪 50 年代，任何一个刚开始写作的新的评论人都不得不考虑存在主义者关于自由与作家的责任的争论。但这并不意味着巴特漠视源于学术界与文学史体制的问题。

在《写作的零度》中最富创意的论点就是他关于文学形式的历史性的思想——包括语言，或者如拉维尔所说的，语言与言语之间的逻辑论证。马克思主义的萨特标记就这样被取代了。巴特无意去根据经济生产为作品定位。他发现自己与沃尔特·本雅明③持相同的观点，后者在 1934 年的文章《作为生产者的作家》中认为，人们应该根据**文学**生产来为文学定位："不要问'一部作品对与其产生时代的关系持何种态度'，我倒是要问，它在它们当中的位置是什么？"这个问题直接关乎这部作品在其生产

---

① 巴特于 1939 年在巴黎大学获得古典文学学位，在比亚里茨及巴黎的国立高等学校教了两年书。1941—1947 年患肺结核。在巴黎康复期间，他在《战斗报》(*Combat*)发文后，做了助理图书管理员，后于 1948—1949 年间在布加勒斯特法语学院(罗马尼亚)当教师，并于 1949—1950 年间在亚历山大大学(埃及)担任讲师。之后，于 1950—1952 年间，在巴黎的外交部文化关系总局做事；并于 1952—1954 年加入国家科学研究中心。

② 阿尔贝·加缪(1913—1960)，法国小说家、散文家和剧作家，存在主义文学大师，"荒诞哲学"的代表人物。——译注

③ 沃尔特·本雅明(1892—1940)，德国著名思想家，被誉为欧洲真正的知识分子。——译注

时代的文学关系内的作用。换言之，它直接关系到作品的文学技巧。① 本雅明的技巧概念"提供了逻辑论证的起点，在此可以超越形式与内容之间毫无成效的对立"，与巴特的写作概念相去不远，而后者被定义为一种形式现实："在任何文学形式中，如果你愿意，对语气、气质总是有一种总体选择，这正是作家作为一个个体清晰展现自己之所在，因为这也是他最为专注之处。"② 这个概念将在其后的 1966 年被重新表述为意义，即"能指与所指的统一：也就是说，这既非形式，也非内容[本雅明可能会说超越形式与内容之间的对立]，而是二者之间的诉讼"。③ 对巴特而言，形式现实意味着关系而不是本质。当他在撰写《写作的零度》时，他认为作家的风格和他所借用的语言才是自然的东西：他的风格是自然的，这是因为它正是作家的身体、特殊习惯，以及形象之所在；而他的语言是自然的，是因为这是一个特定时期里所有作家共同遵守的规范与习惯。以上这两种形式现实，巴特的写作与本雅明的技巧，都具有*情境*的特性。本雅明技巧的主要范例是布莱希特④的戏剧"实验室"，它与"整体戏剧艺术"

---

① 本雅明，《作为生产者的作者》(Author as Producer)，《反思》(*Reflections*)，p.222。

② 巴特，《写作的零度》(*Writing Degree Zero*)，p.13(p.14)。

③ 巴特，《今日的文学》(Literature Today)，《批评文集》，p.151(p.155)。

④ 贝托尔特·布莱希特(1898—1956)，德国戏剧家、诗人。他创立并置换了叙事戏剧，或曰"辩证戏剧"的观念，是当代享誉世界的德国戏剧理论家、剧作家。——译注

针锋相对①；这是一种史诗剧，它关注的不是行动的展开，而是情境的表现，这也就是说，就像在化学实验中一样，它将不同性质的两种力量联系起来。这种戏剧的实质在于选择及作家选择的意识。巴特的写作同样是一种功能、一种情境，是创作与社会之间的关系，换言之，是风格与语言之间的关系；因此，它经作家的转换而变成了文学语言。

坚持将巴特与本雅明进行比较并不意味着巴特在撰写《写作的零度》之前或者之后就读过本雅明的著述。实际上，巴特从未提及本雅明，甚至在他一部研究摄影的著作《明室》一书中也没有。但在他 1978 年为法兰西学院开设的关于中性名词课程的文献目录上，本雅明的名字却出现其中。② 如他在《罗兰·巴特自述》③中所记，20 世纪 50 年代，他的文化参照对象是萨特、马克思，以及布莱希特，其中布莱希特是他在 1954 年开始为《人民戏剧》撰文时发现的。我的比较旨在展现《写作的零度》的一些影响，这要远胜过萨特式辩论。昂加尔准确地将萨特与巴特之间的区别确定为是政治希望上的不同，前者希望将"战时的团结一心塑造成和平时期的奉献精神以改变社会"，而后者则意识到"可供作家直接促成社会改变的选择已日益减少"。④ 菲利普·罗杰在他的《罗兰·巴特：一个传奇》中追溯了

① 本雅明，《作为生产者的作者》，《反思》，p.235。
② 如罗杰提到的《罗兰·巴特：一个传奇》(Roland Barthes : roman)，p.318。
③ 巴特，《罗兰·巴特自述》(Roland Barthes)，p.145(p.148)。
④ 昂加尔，《罗兰·巴特》(Roland Barthes)，p.10。

巴特与加缪之间的关系,在书中一个主要章节中他说道,《写作的零度》根本没怎么触及文学形式,而是"显现了奉献的所有死结"。罗杰认为巴特被相排斥的两极所吸引,它们之间除了修辞意义上的调停,犹如水火不容:一个是"悲剧意义"上的写作(以及世界);另一方面是萨特式的分析,及以马克思主义为导向的社会学给予他的"解释"原则,对他极具理智上的诱惑。[①]我要说的是,在上世纪50年代,巴特的政治希望是始终如一的,而且同本雅明一样,他也信奉形式政治。毫无疑问,他意识到现代文学特有的矛盾,就是作家所为与所见之间,在文学语言的传统与当今世界的创新之间有一个悲剧性的隔阂。但这种悲剧而矛盾性的条件却是卓有成效的:它产生了争论、新的尝试,以及新的形式。它携带着所有乌托邦式的冲动:作家越来越了解到语言与社会之间是不可调和的,但他仍旧要尝试不可能的事情。

如昂加尔指出的那样,巴特不是严格意义上的政治作家,但他关注政治问题。奉献的主题令他着迷。但在撰写《写作的零度》的时候,他所信奉的是一种形式上的奉献。写作暗示着一种选择与一种命运。这意味着,在巴特看来,写作是在历史——单纯而丰满——与非历史之间存在:语言完全存在于历史的内部,而风格却完全在历史的外部,在于个体平淡的物质性。简而言之,就像人们无法选择自己的嗓音与身体一样,人们并不选择风

---

① 罗杰,《罗兰·巴特》(*Roland Barthes*),p.252。

格,它是自然天成的。我们无法选择历史,因为它几乎完全存在于我们的外部,并且不可避免地将我们与它紧密相连。尽管如此,还是有一个时刻属于当下,在这一刻我们在历史中行事并创造出现在:这个时刻取决于个体的奉献,并要求一种存在选择。但是,一旦这个时刻过去了,我们所做的与所写的一切都将被历史埋没,或者完全保留在历史以外,被遗失或者忘却。多亏了写作这种转瞬即逝的生命,巴特不仅确定了写作的双重性质,而且还确定了历史的双重性及历史与遗忘的相互且持续的侧面攻击。历史的这种双重性使得历史研究中的各种变化成为可能;这也使得编年史成为可能,在其中沉默者能够开口发声,被边缘化的以及被遗忘的成为关注焦点。

写作是一个短暂的时刻,只是瞬间的闪光,其持续的时间短暂之极,而在这转瞬即逝的一刻里必须作出选择,面对着白纸,作者必须决定在选择的自由与历史提供给他或者强加给他的文学形式之间作出何种妥协:

> 不允许作家从一些不具时间性的文学形式储备中选择其写作方式。正是迫于历史与传统的压力,某个特定作家可能采用的写作方式才被确定下来;存在一个写作的历史。但是这个历史是双重的:就在通史提出——或者强加文学语言的新问题之时,写作却仍旧充斥着旧用法的回忆,因为语言从来都不是无知的:词语具有二阶记忆,它不可思议地在新的意义中持续存在。写作恰恰就是这种自由与记忆之

间的妥协,正是这种自由在记忆,而它只是在选择的姿态上是自由的,但在持续过程中就不再自由。①

　　人们如果不研究传统与现代之间这种历史性的对立,是无法理解自由的存在主义影响、选择带来的责任,以及世事无常中的禁锢。人们必须标识出始于 19 世纪下半页的整个一段时期的路径,而且此路径还依然持续着——或者几乎还持续着。这个时期目睹了现代性的降临,并且与历史上的一次重大危机重合,这是一次理性危机,以及人类掌控现实的能力的危机。巴特将此危机称作是语言的决裂,并将其根源定位于巴尔扎克②与福楼拜③中间的时期。这个决裂远比他们所属不同流派之间的差异要深刻得多:"使他们写作方式成为鲜明对比的是一个根本的断裂,就是在一种新的经济结构加入旧结构时产生的,就此在意识与心态上带来决定性的变化。"④

　　这个命题是至关重要的,因为它在一个绝对的历史语境中用到了形式主义的写作概念——在此人们可以看出马克思主义的思想,以及马克思主义对经济结构决定上层建筑变化的关注。虽然,巴特强调,作者完全自主决定选择去写作就必然要承受孤

　　① 巴特,《写作的零度》,pp. 16—17(p. 16)。
　　② 奥诺雷·德·巴尔扎克(1799—1850),法国小说家,被称为"现代法国小说之父"。——译注
　　③ 古斯塔夫·福楼拜(1821—1880),19 世纪中期法国伟大的批判现实主义小说家。——译注
　　④ 巴特,《写作的零度》,p. 18(p. 17)。

独,但他绝不是声称文学与语言可以实现自我、自治。相反,他力图在历史语境中去阅读一部文学作品以坚持文学形式的历史特征。

这就是《写作的零度》中的悖论,它也契合题目本身,该题目出自语言学家维戈·布龙达尔;索绪尔的影响是显而易见的,但只是间接的,因为巴特直到后来才读过索绪尔的著作。巴特用一个语言学上的术语来着重强调他的开篇:"我们知道一门语言是一个时期的所有作家们共有的规范与习惯的语料库。"①但尽管如此,对巴特而言,真正的问题是文学形式与历史之间的关系。以加缪、卡夫卡②、布朗肖、格诺③,以及凯罗尔④为例证,源于萨特的《什么是文学》的奉献问题在"零度"或者"白色写作"这个中立的标记中冻结。苏珊·桑塔格在她为《写作的零度》所写的序言中强调了它在左翼文学社团内争强好胜的特性,正如她所说,"巴特在挑战一版最富于智慧的、关于文学承担社会责任的道义的理论"。⑤ 昂加尔看出了巴特的消极态度,他夹在"萨特的动员作家参与到社会活动中的号召,与激进的无政府主义者的完全麻痹之间",⑥强调了作家因

---

① 巴特,《写作的零度》,p.9(p.11)。

② 弗朗茨·卡夫卡(1883—1924),20世纪奥地利德语小说家。——译注

③ 雷蒙·格诺(1903—1976),法国小说家、诗人、剧作家、数学家,文学社团"乌力波"(潜在文学工场)的创始人之一。 ——译注

④ 让·凯罗尔,法国小说家、作家。——译注

⑤ 桑塔格,《序言》,巴特,《写作的零度》,p.x。

⑥ 昂加尔,《罗兰·巴特》,p.13。

为处于被疏离的境地,只能用我们这个功利社会的语言来贬低自己,因而总是受到沉默的威胁。但如果我们更加注重《写作的零度》中的学术成分的话,可以看出,对巴特而言,真正的问题是要让所谓的文学史更具历史性。这就将历史问题从文学学科及其制度内移除,但不是让它仅仅存在于作家的意识内。作家不得不决定自己到底是应该采取当代历史的态度,还是为了采用文学传统给予的一种辉煌但毫无生命力的语言而退出历史。处理文学史的历史性问题意味着不仅要与作家群体,还要与评论界,以及文学教授们展开唇枪舌剑的辩论:这促进了文学评论的作用,它是唯一一个能够指出作家的极限,以及对其而言理想国是必要的学科。文学现代性由文体试验与批评意识之间的交互作用构成:它假定在任何一个先锋派尝试的革命性意图与其退回到传统规范这二者之间有一个割裂。这种割裂是一种不可避免的条件,人们不应试图去解决它。人们只能去研究它的产生与深度。人们可以去书写这个分裂的历史;这个历史就是巴特在他的绪论中谈到的写作的历史,它与文学史是相对的,后者只是一系列作者和运动的有条不紊的序列。因此,福楼拜作为文学现代性的先驱之一,在写作的历史中被赋予一个关键的时刻,因为他将文学理解为一种技巧,还因为他创作的就是上文中提到的分裂。在1852年,他在给路易丝·科莱的信中评论《情感教育》:"毫不夸张地说,在我内心有两个截然不同的人:一个是醉心于夸夸其谈、抒情诗、鹏程万里、华美乐章和崇高理想的人;而另一个

11

则尽其所能深深挖掘、探索真理，即使只是一件微不足道的小事，他也喜欢像对待一件大事一样，满怀敬意地对待，他喜欢让你几乎能切身感受到他所创造出来的东西。后者喜欢开怀大笑，喜爱人的兽性的一面。"①

写作史这样的项目迫使人们去面对历史，不仅根据存在主义，而且还从学科的视角去重新思考它的定义。奉献问题从政治领域转换到专业领域，而且毫无雄心去实现现实中各个层次的理想的综合。

罗杰提到《写作的零度》中存在一个失衡："人们发现有一个异质语言间奇怪的碰撞，它们相互重叠却并不融合。"②同样，昂加尔也认为《写作的零度》是有问题的，因为文学、历史、写作被聚合在一起，还因为就在结构主义者满怀雄心的前一刻，而且早在排斥任何好战的态度，以及普鲁斯特式的回归到"心灵的间歇"、"周而复始的记忆"中的世界之前很久，巴特在虚无主义与奉献之间采取了折中态度。③ 但在上世纪50年代早期，巴特提出积极的建议开始新的批评模式、新问题、不同的时期划分，因而克服了作家处于被疏离境地的不利因素。正如他在1971年接受斯蒂芬·希斯的采访时宣称的那样，《写作的零度》的问题

---

① 福楼拜，《福楼拜书信集（1830—1857）》（*The Letters of Gustave Flaubert 1830—1857*），p.154（*Euvres complètes：Correspondance* 2：343—344）。

② 罗杰，《罗兰·巴特》，p.246。

③ 这就是昂加尔给他本书最后几章中的一章起的题目，它主要讨论了《明室》（*Camera Lucida*）及巴特与普鲁斯特之间的关联（《罗兰·巴特》（*Roland Barthes*），pp.135—151）。

是,他是从传统历史的角度思考问题。^① 尽管如此,他在暗示出象征形式与心态问题的同时,也在逼迫传统与非传统历史的极限:即被赋予政治史的黑格尔特权、经济史的马克思特权、在当代事件中表达个人态度的萨特特权。但最主要的是,巴特挑战的是文学史的制度。

一个历史问题

朗松主义在那时还代表着法国的文学史体系,其实,它除了徒有虚名,毫无历史性可言,因为它只是孤立地研究了不同作家,并产生了一系列研究专著,是一连串孤单的人们,一本伟大作家的全集。换言之,这个历史根本就不是历史。它只不过是一系列的年代记。至少,巴特在他的 1960 年发表于《年鉴》的文章《历史还是文学》中如是说道,这篇文章后来被收录到《论拉辛》中。他在《写作的零度》的绪论中写道,文学史强加给人们它认为是文学的东西,并且使其成为一个神圣的制度:"书写符号的这种神职特性将文学确立为一种制度,而且明显倾向于将它凌驾于历史之上,因为若没有某个永恒的想法的话,也就不能设置什么限度了。现在,正是在历史被否定的时候它才明确地在

---

① 见巴特,《访谈:与罗兰·巴特的一个对话》(Interview, A Conversation with Roland Barthes),《声音的纹理:访谈 1962—1980》(*The Grain of Voice*: *Interviews*,1962—1980),p. 140 (p. 133)。这段文本被昂加尔引用,《罗兰·巴特》,p. 14。

起作用。"①然而,一门声称具有历史性的学科竟然以排斥历史而告终,这是很荒谬的。另一方面,巴特则提出历史与文学之间的对峙。首先,他想要结束文学制度的神圣感:唯一一个可以去神化,或者打破与过去有必然联系的制度化惯例的姿态在于考虑现在,在于研究新闻或文学技巧,就像本雅明做的那样,或者在于区分法语写作的不同变体,就像巴特做的那样:"古典写作的一致性一直维持了数个世纪之久,在过去一百年间,其模式在现代社会的流行不断增强,直到它近乎质疑文学事实,这种法语写作的分崩离析确实与通史中一个巨大的危机相对应,这在严格意义上的文学史中是显而易见的,只是更加混乱。"②

此外,巴特想要将文学从那些彼此隔绝的作家系列中,从一连串专著中解放出来,因为历史不是一个序列,而是各种力量的荟萃,一个将事情彼此参照放置的过程。而且,人们也可以说,是结构与事件、普遍与特殊的接触点。

人们不该让自己受限于术语:最终,在《写作的零度》中语言与言语的划分——就像语言、风格,与写作的划分一样——是无足轻重的。巴特并不在意精确的、毫无瑕疵的定义。在后面我们将看到巴特如何依靠模糊及富于各种思想的暗示而蓬勃发展起来。真正重要的是用另外的词汇来说话,或者是丰富自己的词汇以找到解决问题的方案,或者提出其他问题来。这几乎就

---

① 巴特,《写作的零度》,p.2(p.7)。
② 同上,p.17(p.17)。

是一个花招、一个诡计:巴特在萨特的语言与风格的二元对立基础上,又增加了写作的术语。因而,这就使得追溯文学语言的历史变得可能,而"这既不是某个特别语言的历史,也不是各种不同风格的历史,而不过是文学符号的历史。而且我们可以预期,这种单纯的形式历史可以清楚地显示出与更深层次的历史之间的联系"。[①]

学术文学史因其孤立主义的性质而差强人意,而萨特式的方法又令文学的特性窒息,因为它未能抓住其形式特点,而依旧受到像散文与诗歌这样的旧式分类的阻碍。[②] 巴特试图找到一些合适的条件能将文学从政治现实主义与为艺术而艺术,从奉献与对好文章的美化作用的顶礼膜拜的永恒摇摆中解放出来。巴特不再为了问"今天,我们应该如何写作"而去问"为什么写作"。这样,他依旧在政治先锋典型的语气与另一种历史学家的语气之间摇摆不定。例如,仅仅在一个段落中,他就彻底贬低了一次文学演变,而且这还是奠定了现代性的一次发展:

整个 19 世纪目睹了这种具体化的戏剧现象的发展。在夏多勃里昂[③]的作品里,这还只是一丝蛛丝马迹,一种语

---

① 巴特,《写作的零度》,p.2(p.7)。

② 见萨特,《什么是文学》(*Qu'est-ce que la littérature*),pp.63—70。桑塔格谈到萨特对形式的天真的认识:见她为巴特《写作的零度》撰写的序言,p.xii。

③ 夏多勃里昂(1763—1848),法国 19 世纪颇享盛名的作家,他的消极浪漫主义文学对当时法国文学有着深刻的影响。——译注

言学上的狂喜带来的少许压力，一种自恋，在这种自恋中，写作方式与其工具功能几乎难以分离，而且仅仅只是反映出其自身。福楼拜——仅举这个过程中的典型阶段为例——通过将文学劳作提升到一种价值的地位，最终将文学确立为一个物品；形式成为一门技艺的终端产品，就像一件陶器或者一件珠宝（人们必须明白技艺在此得以显现，也就是说，它第一次被当作一个景观强加给读者）。终于，在这种将文学当作物品的创作中，马拉美[①]的作品成为巅峰之作，而这是通过所有具体化行为的基本原则：谋杀，取得的。因为我们知道马拉美一切的努力都用于语言的破坏，可以这么说，文学因而沦落为它的残骸。[②]

文学史的风格——列举一些作家的名字、确定事件发生的年代、划分不同时期、描述一个文学现象的发展——现如今已被历史的快速发展，以及概括的需要、同时谈论整个世纪的需要所压制。整体的基调对朗松强加给实证主义者的平淡乏味以暴力打击，朗松想要使真理而不是美开口说话，他支持放弃风格。[③]在《写作的零度》中出现一种色彩，它一部分是美学的，一部分是

---

① 斯特芳·马拉美(1842—1898)，法国象征主义诗人和散文家。——译注

② 巴特，《写作的零度》，pp.4—5(p.9)。

③ 见朗松，《科学精神与文学史的方法》(L'Esprit scientifique et la méthode de l'histoire littéraire)，《文学史方法》(Méthodes de l'histoire littéraire)，pp.21—22。

戏剧的,以及神话和寓言的。寓言在此是修辞意义上的,这赋予每一个命题双重意义,一个是字面上的,另一个是精神上的,而且通过使用另一个思想的意象——制陶术、一件珠宝、一具残骸——表现出一个思想——在此情形下,是文学的客体化。正如米歇尔·福柯[①]在《疯狂与文明》里要表现人格化的麻风病弃这个文艺复兴之城的城墙而去,[②]巴特发源于此,但还依旧沿袭萨特的脉络,一种风格或者写作——这无关紧要——以珠宝般的耀眼光芒、犯罪般的暴力,或者死尸的幽灵而夺人眼球:简而言之,这提供了现代文学真正的景观,它具有一种源于被污染的古典寓言流派的象征价值,通过像 19 世纪小说中存在的逼真描述,建立在一个非常透明的双重意义基础上。[③]

像《写作的零度》中的这种风格可以举出不计其数的例子:它们证实了一种反抗朗松主义的姿态,用以抵制其主使的风格所带来的压制,巴特似乎意欲否认那个阻止评论家和笔跳舞的法规。在这种与朗松主义的对抗中,可以发现贯穿巴特整个学术生涯中各个转变,最持之以恒的思想的意义,即批评与文学之

---

① 米歇尔·福柯(1926—1984),法国哲学家、社会思想家和"思想系统的历史学家"。——译注

② 见福柯,《古典时代的疯狂史》(*Histoire de la folie à l'âge classique*),p.13。

③ 在布瓦洛的《诗的艺术》(*L'Art poétique*)中的这几行诗中可以发现一个寓言的典型例子,在其中,他称颂了华丽的风格:"我宁爱一条小溪在那细软的沙上,徐徐地蜿蜒曲折在那开花的草场,而不爱泛滥洪流骤雨一般地翻滚,在泥泞地面上挟着砂石而奔腾"(任典译,见方塔尼尔《话语辞格》(*Les Figures du discours*),p.115)。

间的融合是文学现代性最为根本的事实。此外，在马拉美之后，诗学与写作的批判功能有一个真正的统一，就如在普鲁斯特、乔伊斯①、穆希尔②等人的作品中表现出来的一样。

至于那种先锋的语气，人们必须意识到，从文体学角度讲，它具有某种上文中提到的寓言的倾向：

> 因而，在当下每一种写作模式中都有一种双重假定：既有一种突破的动力，也有一种掌权的动力，有着一种历次革命情形中才具有的那种形式，那种必要的模糊，这是革命所必须从它意欲摧毁的东西中借用的，正是它想要占有的那种形象。就像完整的现代艺术，文学写作同时携带着历史的疏离与历史的梦想。作为一个必须品，它证明了语言的划分，它与阶级的划分不可分离。作为自由，它是这种划分的意识以及试图去超越这种意识的努力。③

这篇文章清楚地阐明了巴特对艺术先锋的态度：绝不是解放的神话，相反，却近乎是一个对先锋神话的谴责。作家不可避免处于一个模糊的位置。因为如本雅明说的那样，革命

---

① 詹姆斯·乔伊斯(1882—1941)，爱尔兰小说家，是 20 世纪最伟大的作家之一，他的作品及"意识流"思想对全世界产生了巨大的影响。——译注
② 罗伯特·穆希尔(1880—1942)，奥地利作家，其未完成的小说《没有个性的人》常被认为是最重要的现代主义小说之一。 ——译注
③ 巴特，《写作的零度》，pp.87—88(p.64)。

的知识分子已从资产阶级那里将文化当作嫁妆接收了。巴特不愿相信革命态度的一致性,或者是一种写作形式的永恒性。写作的个体在面对革命的时候被罪恶感撕扯。这种罪恶感被他自己孤独的事业激起。如果一个人要放弃这种孤独的话,那么他终将以激进的文学写作告终。毫不夸张地说,他会堕落成为宣传:"任何政治形式的写作只能支撑起一个政治世界。"[①]作家也很内疚,因为他确实想要好好写作:写作的孤独是以"迫切渴望幸福的想象"为伴[②],想象总是寻求梦幻般的语言,鲜活而且能够预示一个田园诗般的世界,在那里,语言将不再被异化,这是左翼作家面临的困境。马克思本人也确信,语言符号,像所有的符号一样,也是被疏离的,他渴望在政治与文学上能有一个非异化语言的伟大的乌托邦。这样的乌托邦正表现了现代作家面对先锋命运时的冲突:从艺术上看起来是一个突破点或者一个创新时刻的形式注定是要被复制的,因而变成机械的,无意义的。

就这样布列塔尼人和纪德[③]的写作变成了传统:不幸的是,没有语言能够保持其最初爆发时的新鲜感。它变成了被人用过的、编码的、制度化的:在此可以看出一个对抗语言的论点,我将在第二章中论述这点。1820 年后,在古典代码的团结土崩瓦

---

① 巴特,《写作的零度》,p. 28(p. 24)。

② 同上,p. 88(p. 64)。

③ 安德烈·纪德(1869—1951),法国作家,诺贝尔文学奖获得者,保护同性恋权益代表。——译注

解,因而为现代写作的多元化腾出地方,作家被迫付出西西弗斯①般无效且无望的劳作以不断寻求独创性。自从二战以来,他一直不得不应对智育上的以及存在主义的责任。《写作的零度》既追随萨特,同时又反萨特,在这本书中,巴特想终止所有战后的责任的主题。他还暗示出当代主要的作品,例如布朗肖和巴塔伊的作品,它们都无关正确的政治立场之争。因此,巴特表现的就像一个文学评论家在为杂志社写作来提升对新文学的品味。他的作品由那种新闻技巧组成,本雅明曾将此看作是 20 世纪新的文学形式。

在《写作的零度》中浮现的是写作的欲望、写好的欲望、去努力实现形式的道德,而不是落入唯美主义的陷阱。诚然,语言处于被疏离的状态,每一件艺术品都是经济生产周期的一部分:相信人们可以逃过轮回因而经历纯粹的艺术创作,或者人们可以享受艺术与生产领域之间一种乌托邦式的和谐,这样的想法未免过于天真。所有这一切都是真的。但现在在考虑这些问题以及它们共同的答案毫无用处。这些想法也许已经过时;它们反映了战后的痛苦,可以被称之为是实践的独裁,或者是让理论与实践重合的无望的努力。罗杰分析了从《战斗报》中的文章《写作的悲情》(发表于 1950 年 12 月 4 日)到《写作的零度》的收官之

---

① 西西佛斯是希腊神话中以诡计多端闻名的科林斯国王,受天神惩罚,日复一日把山下的石头往山上滚,但每每接近成功时,石头又滚落山脚,如此这般周而复始。——译注

作《语言的乌托邦》之间的变化。在《战斗报》中被称作是悲剧的事物现在却变成了乌托邦，而同时**文学写作**成为"越来越华丽的却为人所弃的标记"，它看起来似乎备受"一种解释和斗争文学"的威胁①，对此的怀念被美化成了新文学形式的希望。面对文学写作、美丽风格、文化艺术中愉悦的反革命幻想，与此同时，还有左翼调和政治与艺术的幻想，巴特并不想被困于其中任何一种境地。他想做一名左翼人士，但又没有他们的左翼幻想，他想热爱文学，但又不至于成为反革命。后来，在1975年的时候，他厌倦了政治话语的刻板印象，就想象着布莱希特②因为他不愿"为政治牺牲"③而批评他，他说自己的领域是语言，而且一直就是语言。罗杰提醒我们莫里斯·纳多④在1947年将巴特介绍给《战斗报》的读者时就说他是一个语言的狂热分子，"他对语言如痴如狂"。⑤ 虽说如此，可是痴狂中蕴含着战斗的精神。《写作的零度》说，对于一个写作人士而言，唯一的解决之道就是承担起形式的责任，具备专业写作的能力，以及锲而不舍地追求风格。巴特了解作家的悲剧，但他并未因厌倦了各种诸如政治的、结构主义的、心理分析的刻板印象而不知所措。悲剧思想本身对他的吸引力也同样来自他大学时期的经典研读，这在他第一

---

① 为罗杰引用，《罗兰·巴特》，p. 260。

② 贝托尔特·布莱希特(1898—1956)，德国戏剧家，诗人。——译注

③ 巴特，《罗兰·巴特自述》，p. 53(p. 57)。

④ 莫里斯·纳多(1911—2013)，法国作家，文学评论家，著有《超现实主义史》。——译注

⑤ 罗杰，《罗兰·巴特》，p. 261。

篇文章《文化与悲剧》①中得以清楚地显示。对于一个年轻的评论家而言,还有什么比发现大学与现实生活的旧文化之间的联系,以及过去与现在之间的联系,更令人欣喜若狂? 神话不仅只是个书本概念,它是一股隐藏在人类的许多行为之后的真正的力量。当某种东西能够超越单纯的学术界而影响现实生活,而且为学术知识所包含的时候,人们感受到强烈的学术上的激动。

一个乌托邦,《写作的零度》中的语言乌托邦,它同时又是一股力量、一个趋势、一个卓有成效的否定性。但是这种事情并不存在,就像在巴特看来,所谓的绝对中立的写作的最佳范例,加缪与布朗肖近期的作品其实也根本非如此。原因总是相同的:一个形式成为一种制度的时候,它其实还并未实现。正是使这成为可能的历史剧,及创造它的历史使它凝结并固化坚硬起来,因而,当达到一定程度,它就被变成了一种刻板印象。对于政治权力与权力的更替,人们也可以这样来说。巴特在此显示了左翼思想的所有模糊性,既有艺术上的,也有政治上的:它既是对抗制度与传统的斗争,同时又是一种要成为这些传统与制度一部分的意志。而且巴特是以加缪的风格而不是萨特的风格透漏了他的无政府主义本性。这一点至关重要,不仅是为了理解《写作的零度》,而且还因为它构成了巴特思想的本质,甚至是

---

① 巴特的《文化与悲剧》(Culture et tragédie)最初以《关于文化的随笔》(Essais sur la culture)为题发表于《学生手册》(Cahiers de l'étudiant)(1942年春季特刊),后又于1986年4月4日再次特别刊发于《法国世界报》(Le Monde)第19页。见罗杰,《罗兰·巴特》,p.334。

他最后几部作品中的思想。这构成了他作为一名评论家的本质，也正是他折中主义的核心。至于形式，它使得多元论成为一种道德与智力上的需要。在以后，我们将审视这样一个概念的无政府主义发展。但"发展"这个词是有误导性的；人们应该说，是痴迷的节点，简而言之，就是所有构成一个作者深刻个体性的一切，包括他的身体与怪癖，这在《写作的零度》中被定义为一个作家的风格。

即便《写作的零度》以一章关于语言的乌托邦而收尾，并且还宣告了新文学形式的出现，它的基调还是悲剧性的、悲观的，不仅仅因为责任是不可避免的，还因为个体与社会之间的冲突是难以克服的。① 现代文学却为这样的冲突受到格外的恩典，也是最令人痛苦不堪的地方；它在本质上就是被异化的、有分歧的，因而是永恒的无能为力。但自相矛盾的，尽管作家无能为力，他还是在跟语言较劲，依然继续写作，并且愿意去写：一种明知故犯的荒唐姿态、一种无可避免的失落行为，就像俄耳甫斯②的转身一样。巴特在《写作的零度》中的悖论对应了他在绝望与活力之间的摇摆。

---

① 莱弗斯认为"人们很有可能在集体与个体之间的张力中找到研究巴特的关键"（《罗兰·巴特》(*Roland Barthes*), p.3）。

② 希腊神话中的音乐天才，为救中蛇毒身亡的妻子不惜舍弃自己的性命进入地府，他以优美的琴声打动冥王同意他带妻子回到人间，但条件是，在他领着妻子走出地府之前决不能回头看她，否则他的妻子将永远不能回到人间。而就在他要出地府的那一刻，因妻子抱怨他的无情，他忍不住转身看她，于是一切功亏一篑。——译注

23

《写作的零度》中理想与激进的持续表现出的不是上世纪60年代的巴特，那个一心一意寻求新的方法令文学更科学化，能给知识分子们提供更精确的工具进行社会分析的符号学家。《写作的零度》的持续是挥之不去的俄尔甫斯回眸凝视的形象，以及孤寂的写作形象，是布朗肖出版于1955年的《文学空间》中的一个形象，这部书是基于《法国新杂志》上的旧文而出版的。鉴于布朗肖对巴特的影响，我们也可以说巴特的第一本书是《文学空间》的第一部分"根本的孤独"的一个延续。布朗肖援引荷尔德林①的话，认为艺术创造力对那些选择它的人显现了自身的不足，他们在"决定性的时刻——那些时刻每时都在敲响——这时'诗人必须通过放弃自己来完成他的篇章'"。②

　　人们必须认清这个悲观主义及其历史语境，近年来它被茨维坦·托多罗夫③与虚无主义混为一谈。④ 人们也必须理解，这种艺术行为的意识如何仅仅通过宣告它的死亡：马拉美的罪恶、布朗肖的"白色写作"就能成为唯一的一种意识，它既可以打断

---

　　① 荷尔德林（1770—1843），德国诗人。——译注

　　② 布朗肖，《未来与艺术问题》（The Future and the Question of Art），《文学空间》（*The Space of Literature*），p. 213（p. 284）。罗杰认为"《写作的零度》更近似于布朗肖，而非萨特。人们甚至可以更进一步说这本书比布朗肖本人还布朗肖。而奇怪的是，布朗肖在评论中却认为巴特给与形式的特权太过了"（《罗兰·巴特》）。

　　③ 茨维坦·托多罗夫（1939—），原籍保加利亚的法国著名文学理论家、历史学家，当代著名结构主义符号学家、文艺理论家。——译注

　　④ 托多罗夫，《批评的批评：教育小说》（*Critique de la Critique：Un Roman d'apprentissage*），pp. 74—81。

先锋派的幻想,又可以使文学得以持续。在一个受到超现实主义史诗,受到纪德、阿拉贡,受到摩登时代坚定氛围影响的学术环境里,这种对文学的否定性思想是大有裨益的。

《写作的零度》的风格——如我们已经见到的——既接近而又抵制评论性语言;它依然完全只是泛泛而谈,因为它没有分析哪个特别的作家或者作品,但另一方面,它又不纯粹是理论的或者是方法论的,而且并不依赖哲学来为自己辩解。相反,它采用的是一种批评性散文诗,以及批评阐明的形式,在这种阐明中格言警句极具华美之形,并续之以一段必要的解释,但这解释绝不仅仅只是说教。《写作的零度》产生于作者正备受模糊性煎熬之时,它分裂成一篇篇简短的文章,但它的碎片化又被其定义的系统性组合很好地平衡——语言、风格、写作——还有诗学、唤起风格——例如,风格的秘密就是"锁在作家身体内的回忆"。[①]布朗肖在他的评论中写道:"罗兰·巴特近来的一篇文章,是关于一本罕见的书,在其中描述了文学的未来。"[②]

历史的极限:沉默

文学的未来不会在一种意识形态中被发现,但它可以基于一种理念的长处而建立于一种风格中。巴特将风格定义为作家

---

① 巴特,《写作的零度》,p. 12(p. 13)。
② 布朗肖,《零度的研究》(La Recherche du point zéro),《未来之书》,p. 301。

的身体,从语言被视为 20 世纪文化地平线的角度看,那么《写作的零度》表达的理念就是"现代"在文学中的生理机能。人们可以说这本书表达了一种**反文学**的思想,正是我们今天称作是后现代的那些条件:狂热的多元主义,极度历史的事物,与在缺乏历史性而且不从属于任何学派的情况下从历史中所推断的事物,这二者之间的遭遇。因而,人们必须将"现代"理解为它被赋予什么,而非可以期盼什么;理解为虚弱无能,而非新事物的到来;理解为痛苦以及对痛苦的担当;理解为波德莱尔①以及本雅明所理解的大都会现状——在此现状下,人们无法重返一个和谐的社会,因为它已经将大城市的暴力内化了。②

在《文学空间》中,布朗肖谈到奥地利作家雨果·冯·霍夫曼斯塔尔,谈到他意欲停止写作沉默不语的诱惑,这在《尚多思爵士致弗朗西斯·培根》(1901)中已经表现得很清晰了。尚多思以下面这些果断的言词结束了他给朋友弗朗西斯·培根的信:"我感觉,而且是带着种不无悲伤的肯定,在来年,或者在来年的下一年,或者在我此生余下的所有岁月里,无论是用英语,还是拉丁语,我一本书都不会再写了。"③当尚多思说看到眼前

---

① 夏尔·皮埃尔·波德莱尔(1821—1867),法国 19 世纪最著名的现代派诗人,象征派诗歌先驱,代表作有《恶之花》。——译注
② 在讨论波德莱尔和坡的时候,本雅明谈到了"人群中的路人体验过的震惊"(《论波德莱作品中的一些主题》(On Some Motifs in Baudelaire)),《启示》(Illuminations),p.176。
③ 霍夫曼斯塔尔,《尚多思爵士致弗朗西斯·培根》(The Letter of Chandos),《霍夫曼斯塔尔选集》(Selected Prose),p.140。

的词语似乎是一双双注视着他的眼睛的时候,巴特最终也与霍夫曼斯塔尔的态度相差无几:"一个个词语在我周围飘浮,它们凝固成为一双双眼睛在注视着我,而我也被迫融入一双双眼睛之中以回视它们——一个个漩涡令我感觉天旋地转,不停地在打转直至被带入一片虚无。"① 与奥地利作家的和解可以让人们深刻理解为何将文学现代性理解为危机、异化、沉默,以及对文学世界的"辉煌与荒芜"的无尽怀念。孤立的词语、作为事物的词语:数量众多、始终如一、如物质般厚重。这就是在《写作的零度》中唤起的形式客体或者文学客体,这呼应了萨特在《什么是文学》中谈到的将词语视为物品,作为诗歌中的一个客体,当时他将诗人描述为一个将词语看作是自然事物的人,就像是花草、树木一样。② 正如巴特在《存在诗歌写作吗》一章中所讨论的那样,这就是现代诗歌中的词语,它挺拔、浓厚,而且始终如一,就如"一块磐石,或者是一根栋梁……这是一个挺立的标记……一次没有近在咫尺的过去、没有环境的行动";具有诗意的词语是一个"寓所"③《写作与沉默》那一章则指出了零度,马拉美和布朗肖的写作的中性点。他们二者都采取了沉默的态度,就像尚多思爵士在给弗朗西斯·培根的信中解释他为何不能再写,或

---

① 霍夫曼斯塔尔,《尚多思爵士致弗朗西斯·培根》,《霍夫曼斯塔尔选集》,pp.134—135。布朗肖在《灵感与灵感匮乏》(Inspiration, Lack of Inspiration),《文学空间》,p.183(p.244)中引用了同一篇文章。

② 见萨特,《什么是文学?》,pp.64—65。萨特将那些把词语视为物体的诗人与散文作家区分开来,对后者而言,词语是意指。

③ 巴特,《写作的零度》,p.47(p.37)。

者再研究那些创作于信奉古典规范的时代的作品一样,那时候人们将语言视为一个生物体与世界和谐关系的表达方式。面临古典秩序的式微与崩溃,尚多思选择了沉默。在巴特看来,沉默不语,或者几乎是如此,就是马拉美的选择:

> 马拉美印刷上的失语力图在稀薄的词语周围创造出一个虚无的区域……这种艺术恰恰有一种自杀的结构:在其内部,沉默是一种同质的诗学时间,它将词语困于两层之间然后再将其作为一束光、一个虚无、一个谋杀、一个自由,而不是作为一个密码碎片,而引爆。(我们都知道关于马拉美作为一个语言杀手的假说是源于布朗肖的。)马拉美的这种语言就像俄尔甫斯,他只能通过放弃他所爱的来拯救它,但他还是无法抵制回眸凝望的诱惑;这是被带到应许之地大门口的文学:而这里是一个没有文学的世界,但尽管如此,作家还是要见证这个世界。①

巴特从未提到霍夫曼斯塔尔,虽说他在《写作的零度》中以及在《批评文集》中提到卡夫卡是一位实现现代语言纯化以及物化的作家。本雅明也同样如此看待卡夫卡,但在他看来,霍夫曼斯塔尔却背叛了他在《尚多思爵士致弗朗西斯·培根》中意识到的现代语言。他在给阿多诺②的信中写道:"朱利安(霍夫曼斯

① 巴特,《写作的零度》,pp. 75—76(p. 55)。
② 西奥多·阿多诺(1903—1969),德国哲学家、社会学家、音乐理论家,法兰克福学派第一代的主要代表人物,社会批判理论的理论奠基者。——译注

塔尔《塔》中的人物)背叛了王子:霍夫曼斯塔尔避开了他在《尚多思爵爵士的信》中所指的任务。他的沉默是一种惩罚。对霍夫曼斯塔尔隐匿的语言可能正是在同时期被赋予卡夫卡的,因为卡夫卡自己承担了为霍夫曼斯塔尔所放弃的道义上的,因而也是诗学上的任务。"①同样,我们也可以说,早期的巴特在《写作的零度》中,以及在研究罗伯-格里耶②及《新小说》的文章中探讨当代文学的时候,已经实现了现代性;但尽管如此,他依旧总是与经典、与像巴尔扎克这样的19世纪经典眉来眼去。他公然在《罗兰·巴特自述》一书中宣称他写的是经典作品。③在1977年,当普鲁斯特越来越多地成为他常常提到的作家之时,他承认"突然之间,我是否现代对我而言已经成为已经无足轻重的事情。"④如果我们想到这点,他是否同霍夫曼斯塔尔一样,就算不是反革命,也背叛了现代,而变成一个修正主义者? 还是,用波德莱尔的话说,我们应该在他的知识探险当中,在他的众多变换及作品始终如一的主题中,品读出旧有的、短暂与永恒之间的矛盾艺术? 也许,这个悖论包含巴特所有的悖论在内,这个悖论是我阅读巴特的主要目的,这个悖论被现代诗人所表达,或者

---

① 本雅明,《本雅明书信集》(*Briefe*)2:852。

② 阿兰·罗伯-格里耶(1922—2008),法国作家,电影制片人。——译注

③ 巴特,《罗兰·巴特自述》,p. 92(p. 96)。

④ 巴特,《沉思》(Deliberations),《语言的窸窣》(*Rustle of Language*),p. 367 (p. 408)。罗杰觉得巴特在戏耍现代性与传统、先锋派与古典主义:他可以同时宣称他是古典的,以及他亲近《原样》杂志(*Tel Quel*)的朋友们(见《罗兰·巴特》,pp. 238—239)。

更妙的是,被其所指示的:"总之,为了任何现代性能够值得保留,以便变成古老的,人们应当从中提取出神秘的美感,它自然而然浸透着人类生活。"①

布朗肖在《文学空间》有关灵感的那一章中提到《尚多思爵士的信》,在此,他将沉默理解为构成作家日常实践的一种元素,就是当灵感与灵感匮乏融为一体的那一刻:一个干涸、贫瘠的时刻,一个静止停滞的时刻,那时一切都悬而未决。这与霍夫曼斯塔尔的传记很好地对应。在传记中记载,一次危机时刻以洛里斯的名义结束了他的诗歌创作,迫使他中止了纵情声色以及华丽语言的乐趣。但巴特在将其个人危机转换成历史危机方面,倒是与霍夫曼斯塔尔有几分相像。沉默是源于历史境遇中的个人境遇,无论这是尚多思爵士和弗朗西斯·培根的 17 世纪初的英格兰,还是 19 世纪初的奥地利,或者是二战后的法国。作家的日常实践要受制于他所属时代的残酷的法则:现代性是那个破碎的梦,俄耳甫斯无休止地转身来杀死他的所爱。如果我们考虑到零度的各种形式,那么可以将它与霍夫曼斯塔尔的对比进一步推进。一方面,有一种马拉美式的写作模式,它极尽轻快、犯罪,与暴力主题;而另一方面,还有一种加缪式的纯新闻式写作——一种纯粹的新闻,毫无惆怅悲苦——一种没有风格的风格,它自动放弃了所有的优雅与装饰,那些将写作带回特定时代令它悬挂于历史的各种

---

① 波德莱尔,《现代生活的画家》(*Le Peintre de la vie modern*),《波德莱尔全集》(*Euvres complètes*)2:695。

因素中。这种中立不是暧昧，而是一种金属的微光，这种绝对的裸露类似于卡夫卡语言中残酷的几何结构。这是悲剧的、艺术的裸露，这"只有艺术才能获得"，巴特在他第一篇发表的文章《文化与悲剧》①中如是写道。裸露代表了霍夫曼斯塔尔 1903 年的一篇文章，《舞台作为梦的意境》中表达的艺术理想。在这篇文章中，舞台设计者被视为某个放弃装饰的人："他应该具有极大的做梦能力，而且他应当是诗人当中的诗人。他的眼睛应当像一个做梦者的眼睛……梦的简约是无以言表的。谁能忘记伴随着简朴与贫乏，暴力在梦境中曾如此盛行？"②

　　舞台设计者必须是诗人当中的诗人。他必须具备霍夫曼斯塔尔在《诗人与他的时代》中描述的诗人应具有的特点，布朗肖发现这篇文章给人留下了深刻印象。③ 诗人是一位不懈的看客，他无法忽视任何事情。他的眼睛不应有眼皮，这样，他就能像尚多思爵士一样总是在痴迷地凝望，尚多思看着那一个个词语就像它们是真实的物体，而这些词语似乎也像一双双凝视他的眼睛。霍夫曼斯塔尔的诗人必须像一台地震仪一样懂得如何记录他所属时代的一切运动；他应当是一个小说家、一个记者、一个常人、所有事物背后的客观存在、黑夜与沉默的代言人。

---

　　① 巴特，《文化与悲剧》(Culture et tragédie)，《世界报》(Le Monde)，1986 年 4 月 4 日，p.19。

　　② 霍夫曼斯塔尔，《梦幻舞台》(Die Bühne als Traumbild)，《霍夫曼斯塔尔散文集》(Prosa) 2:64。

　　③ 见霍夫曼斯塔尔，《诗人与其时代》(Der Dichter und seine Zeit)，《霍夫曼斯塔尔散文集》2:229—258，以及布朗肖，《灵感》，《文学空间》，p.180(p.239)。

对霍夫曼斯塔尔,以及对巴特和布朗肖而言,当代诗人——或者作家——最终,彻头彻尾是他所属时代的产物,并为现代所浸染,而且,自相矛盾的是,他是一个放弃历史的人,他将装饰视为他所处时代之乐事,因而将其当作是历史的诱惑而加以排斥。巴特的第一篇关于悲剧的文章,其意义不在于时间,而在于"一个即刻的,被拆除了时间大门的宇宙"。[1] 在此文中,现代作家是一个进入既不短暂也无历史性的梦境或者悲剧的人。(在《罗兰·巴特自述》中,巴特发现,从历史上讲,傅立叶[2]要比福楼拜重要得多,即便在他的作品中"几乎没有他的当代史的直接痕迹",然而"福楼拜在小说的整个过程中叙述了1948年[3]的所有重要事件"。是的,傅立叶直接表达了历史的欲望。[4])尼采与巴塔伊感觉,现代人的困惑形成于我们身处历史的尽头这种想法。

如果将《写作的零度》当作似乎它只是完全沉浸于萨特式的信念来阅读的话,那就会出错;同样,如果完全以神秘主义的态度来看待巴特也会是一个错误。这种视角会使人轻易推断出巴特与布朗肖之间的同源关系。[5] 我无意于在巴特与布朗肖之间

①　巴特,《文化与悲剧》,《世界报》,1986年4月4日,p.19。
②　夏尔·傅立叶(1772—1837),法国空想社会主义者,社会改革家。——译注
③　此处也许是原作的笔误,或许应是1848年。——译注
④　巴特,《罗兰·巴特自述》,p.92(p.96)。
⑤　见茨维坦·托多罗夫,《当代法国文学反思》(La Réflecxion sur la littérature dans la France contemporaine),《诗学》(Poétique)38,1979:131—148。托多罗夫认为巴特与布朗肖是今日的浪漫主义者。

作强烈的对比,在所谓文学宗教方面,他们二人无疑有共同之处,但我更愿意以波德莱尔提到画家的性情时的方式指出他们在气质方面的不同。从学识以及文学上来看,他们同属于一个运动,一首当代天鹅的文学之歌。但是从风格的角度来看——作为作家身体的那个风格——布朗肖具有那种神秘主义的气质,巴特则具有现实主义气质。我们甚至能在此重申散文与诗歌之间的不同:布朗肖深受德国诗人的吸引,与他不同,巴特却从不与诗人共事,他最爱研究的领域是 19 世纪的法国小说。我们将在下两章讨论现实与现实主义对巴特产生的问题,以及他毫不松懈地努力寻求一种近似于传统小说或者评论文章的散文类型——或者是这两者的混合体。巴特坚持认为,零度或者白色写作虽然成功地表达了现代人的空虚以及文学的终结,但它们也会因为变成一种刻板印象或者一种陈腔滥调而终止。因而,他阻止了沉默的绝对论,打破了它美丽而残酷的神话,以及它消极的顺从。巴特在《写作的零度》中小心翼翼并且毫不声张地支持一个积极的价值,即便如我所言,书中的基调是悲剧性的:我指的这个积极的价值就是意志。写作是一种意志的行动,尤其在幻想破灭的时候,意志需要更加坚强有力。

此外,文学已变成一个语言问题这一事实也打开了新的视野,"一种新的人文主义",巴特说道,在其中也许"作家的理性与人类的理性之间会重修旧好"。① 自 1830 年左右资产阶

---

① 巴特,《写作的零度》,p.82(p.60)。

级写作的到来开始,法国文学抛弃了崇高的古典规范,试图去再现人们所说的,以及生活中使用的各种语言,并在此过程中大量繁殖,因而,在普鲁斯特的作品中,个体的全部本质都与其语言等同一致。写作的意志是一种工作形式:工作作为《写作的零度》中所有一切的背景与基础而出现,并不仅仅因为在1850年左右,整个作家阶层迫切地要担当起他们传统的全部责任,让写作的工作价值取代其使用价值。写作将因它所付出的劳动而非它存在的理由而得到拯救。现在,作家作为工匠的形象开始盛行,他将自己关在某个传说中的地方,像个在家做活的技工一样,先大致勾画出作品,再切割、抛光,就像一个宝石匠一样从原料中提取艺术,设置其形式,每天都要定时孤寂地为工作付出辛劳。①

　　工作也被视为欲望,是西西弗斯般无望的劳作及作家的专业技能。事实上,我要说的是写作的意志,那种痛苦、犯罪感以及乌托邦,简而言之,现代作家的那种整体的模糊性代表了一种真实而典型的工作现象论,在其中,主、客观事实被融合,进而混为一体以克服个体与社会间的分裂。后来,巴特将以一个题为《整体怪物》的片段结束《罗兰·巴特自述》:"不同的话语:今年8月6日,乡下,一个晴朗天的早上:阳光、温暖、鲜花、沉默、平静的、容光焕发。什么也没有激起,既没有欲望,也没有侵犯;只有任务在那儿,我面前的工作,就像一种无所不在的存在:每件

---

　　① 巴特,《写作的零度》,pp.62—63(p.46)。

事都是饱满的。那么,那就是自然? 一种……剩余的缺席? 整体的缺席?"①

米 什 莱

工作作为意志、整体,还有——没有别的词来描述它——激情,并未在《写作的零度》中得到描述,而是像一个影子一样从中放射出来。虽说俄尔甫斯是巴特最常用到的意象来描述写作的困难,但真正捕获作家痛苦的神话却是加缪版的西西弗斯的神话——它发表于 1942 年:那是一个男人与其生活的分离及一种荒谬感。② 那种工作的残忍、重复,以及无用——写作的意义是什么? ——是一个强加在作家身上的判决,但这不是别人强加的,恰恰是作家本人强加给自己的。但如果这个工作,曾经是消极、令人心寒且苍白的,曾经是透明且闪耀着金属光芒的、沉默且幻灭的工作,变成强调、无节制、色彩、暴怒,以及声音的媒介,那会怎么样? 不同于那些要么无面孔的而且是匿名的,要么具有一千个脸孔和名字的现代作家,以及现代性那些众多的、多元的作品;不同于上世纪 50 年代的法国知识分子,他们要么具有加缪的冷淡、萨特的严厉,要么具有布朗肖的淡漠,米什莱的身形从过去、历史,及时间的起始横亘而出,他将为历史以及为法

---

① 巴特,《罗兰·巴特自述》,p.180(p.182)。

② 见加缪,《西西弗斯的神话》(Le Myth de Sisyphe),《加缪随笔》(Essais),p.101。

国所铭记。

> 就在他认为自己被身体的每一个可能的离散威胁的时期——也就是贯穿其整个一生——这个人都为一种对工作无情的愤怒所支配。日程安排表（严苛的），结果（巨大的产出），甚至于利己主义（这使得他抛弃了结发妻子以及奄奄一息的儿子）——这些无不证明了这个事实。可是这种疯狂的（调查、博学、以及写作的）劳作，几乎是为一种苦行僧似的纪律所管控，顽固地维持着它预示的张力。它在形式上得以程序化，因而能够在持续而悲惨的颠簸中维持着。[①]

米什莱成了《写作的零度》中所描述的现代作家，以及那个没有眼皮的当代诗人的至交：同时，他还是现代作家的替身与他者，既是他的孪生兄弟，又是一个异形体。米什莱的历史与《写作的零度》的模糊不清的历史形成对比，后者在过多的历史与极其有限的历史性——也就是说，历史的缺乏——之间摇摆不定。它同时也是一部植物史，就像赫尔德[②]的历史；是一个螺旋形历史，就像维科[③]的历史一样，而且它最青睐的是死亡以及衰落。

[①] 巴特，《米什莱》（*Michelet*），p.18（p.18）。

[②] 约翰·哥特弗雷德·赫尔德（1744—1803），德国、哲学家、路德派神学家，诗人。其作品《论语言的起源》成为狂飙运动的基础。——译注

[③] 乔瓦尼·巴蒂斯塔·维柯（1668—1744），意大利政治哲学家、修辞学家、历史学家和法理学家。他为古老风俗辩护，批判了现代理性主义，并以巨著《新科学》闻名于世。——译注

对米什莱而言,至关重要的历史时期是罗马帝国的末期、基督教的起始时期,以及中世纪;对他而言,死亡暗示着历史的复兴,甚至它的定义,对他而言,历史就是死者的复活。

那时的米什莱:人们必须将写作理解为一种化学、一种炼金术,而不是一种黑格尔①式的发展。为了与自己的笔共舞,为了跟上历史的舞步,而那常常就像巫婆的半夜集会,毫无节制,夜夜狂饮,人就好像是在弹钢琴一样,得用两只手而不是一只手写作。如果写作是一种技巧,那么它也是一种化学实验的操作,在其中,各种不同元素混杂在一起。写作是赋予无形的物质以形式。如果现代性的实质是多元化、是令人眼花缭乱、是形式的崩溃,那么写作的特点就是它的短暂性,甚至是它的自由,它将写作从身体——作家的风格——中解脱出来,直到它抵达那条脆弱的底线,越过这条线,它就将被时间——历史、语言、传统、以及学校的无意识行为——所吞没。巴特的第一本书,《写作的零度》,不会有符号学的发现紧跟其后,似乎这样的发展是由这一个简单的事实决定的,即零度的概念源于语言学。《写作的零度》与他在文评杂志《精神》(1951)中发表的文章《米什莱,历史与死亡》以及他的著述《米什莱》(1954)大约于同一时期创作。如果他一只手在写现代性的悲剧,那么另一只手写的就是法国革命的历史学家。巴特对米什莱的研究是由同《写作的零度》中

---

① 格奥尔格·威廉·弗里德里希·黑格尔(1770—1831),德国 19 世纪唯心论哲学的代表人物之一。——译注

发现的相似的要素构成——历史、身体、风格——但是还有白色写作中完全欠缺的要素:各种色彩。

人们应该将《写作的零度》同《米什莱》一起阅读,就像将霍夫曼斯塔尔的《尚多思爵士的信》与大致写于同一时间的《一个返乡男人的信》一起阅读一样,而不是在沉默中、在对语言的拒绝与怀疑中,在自我的无可挽回的分裂中将它们孤立。将《尚多思爵士的信》与《一个返乡男人的信》一起重读令人对现代性的痛苦产生一种反应,无可否认,这是技术上的而非形而上学的反应。《一个返乡男人的信》表达了与《尚多思》非常相似的情形,因为其第一人称叙述者在离开多年后返回奥地利与德国,深深为欧洲的衰落而震惊,甚至觉得自己失去了现实感。物体似乎从现实的延续中隔绝分离出来,就像尚多思觉得那些像眼睛一样盯着他看的词语一样险恶、异化。就在去出席一个决定他公司命运的商务会议之前,他痛苦至极却无以言表,连最平凡的手势都已不可能。此时,这个游子却踏入一个画廊,里面只稀疏地挂着几幅画。在那一刻,色彩的暴力与《尚多思》中一次视觉经历的暴力何其相像。在骑马的时候,尚多思突然被一幅生动的景象打动,但这并非他直接所见,而只是他脑海中的想象:他看见一些中毒的老鼠在他的地窖里奄奄一息。他看着它们,并且感受到它们的恐惧,它们似乎就在他的面前。这些画几乎是以同样的方式给这个游子以强烈的感官及精神上的体验。它们令人心碎的色彩力度超越了所有的印象派,令他强烈感觉到它既是对他的痛苦客观而真实的对应,也正是其痛苦的解决之道。

他被一种力量感所控制，并且呈现出双重性格，这使得他成功结束了商务会议："在我写出这些文字的万分之一的时间内，我能感觉、能了解、能看穿、能享受人生里里外外的、全部的低谷以及巅峰——我似乎一分为二变成了两个人，但我是自己生活的主人，体力、智力的主人……"①游子所欣赏的画作是由梵·高创作的——而梵·高与米什莱的相似点在于他无法停止工作："梵·高说他无法停止工作"，布朗肖在讨论灵感的永不枯竭时写道。② 梵·高的极端暴力逐渐构成了尚多思无法找到的语言。这是沉默的另一面，米什莱正是赋予无声的过往历史以声音与身体。

　　色彩。色彩。现在对我而言，那听起来是一个痛苦的词语……但说实在的，只有在我感觉自己活着并且有百倍的力气时，我才感觉自己真正是一个人，而这只有在那些在我面前一贯沉默封闭的，不过是庞然大物而且古怪的东西忽然敞开大门时才会发生，似乎在一股爱的潮流中，这将我紧紧缠绕。在那一刻，我难道不是既作为一个人，同时又是我自己，正身处事物的内核之中，我还是像往常一样——有一种莫名的孤独，但在孤单中我并未不知所措，力量似乎正

---

① 霍夫曼斯塔尔，《一个返乡男人的来信中的色彩》(Colours From *the Letters of a Man Who Returned*)，《霍夫曼斯塔尔选集》(*Selected Prose*)，p. 148：*Die Briefe des Zurückgekeren* , *Prosa* 2：306。

② 布朗肖，《灵感》，《文学空间》，p. 181(p. 241)。

从我身上源源不断流淌汇成滚滚波涛,这使我成为那些强壮而无言的天使长们选择的伴侣,他们就像坐在王位上一般默默地坐在我身边?[①]

解决之道总是在他异性、在无节制、在变化过程中找到。就像尚多思的沉默,或者白色写作那样,以一个典型的现代方式去隔绝自己,虽说这没什么不妥,但这构成了一个永恒、一个界于神秘主义的癖好,而这无论如何也注定会重复。因而,我们今天有一些厌倦了现代思想的消极性,厌倦了我思故我在与危机意识的分裂。也许,正如霍夫曼斯塔尔的游子与米什莱的工作所暗示,人们可以接纳这个条件,将之视为一个特定的事实,并且停止描写它。也许,一个人同时既可以了解自己的崩溃解体又依旧能掌控——当然不是自己的生命——一种知识、一种技术、一门艺术,像梵·高那样超越折磨与疯狂的神话,或者像霍夫曼斯塔尔笔下的游子终于在金融交易中取得成功,所有这一切都将我们带回了**制造**这个词语的词源价值,以及作为一个物体再现的诗歌与艺术。

因此,就像《尚多思爵士的信》与《一个返乡男人的信》组成一个整体一样,《写作的零度》与《米什莱》也形成了一个整体。它们相互平衡抵消,就像白色与最富暴力的色彩,沉默与言语那样。它们每一个都是另一个的延续,而且《米什莱》通过分析一

---

① 霍夫曼斯塔尔,《色彩》(Colours),《霍夫曼斯塔尔选集》,p. 153。

个截然不同于中性、几何、白色的写作实践证实了《写作的零度》的论点。昂加尔说《米什莱》"拓展了巴特第一本书中宣布的计划"：它通过将历史作为话语与写作的方式研究了文学与历史研究的聚合。[①] 我要说的是，这两本书之间的联系与其说是争辩，不如说是一个风格的诱惑：检验差异，了解到美既可以存在于安格尔[②]的制图术，也可以存在于德拉克洛瓦的色彩中。在文学与历史沙龙中，眼睛可以很快在不同风格中游移，欣赏不同种类与对比：如波德莱尔所言，只有狭小的、固执的视野才会执迷于一种形式的美。

颜色与历史问题

巴特在《米什莱》中所面对的其他写作首先是米什莱的差异性。任何一个既分享一些标新立异的价值观又欣赏米什莱的人都需要勇气来重新发现他。没有什么比这位作家的浪漫主义、他对历史编纂的强调，及科学上的不精确更不适时的了。正如巴特在 1974 年的一篇文章中所言，"米什莱不合时尚，不现代"。[③] 弥漫在他所有作品以及文字中的意识形态使得他不为

---

① 昂加尔，《罗兰·巴特》，p.15。

② 让·奥古斯特·多米尼克·安格尔(1780—1867)，法国画家，法国新古典主义的旗手。——译注

③ 巴特，《米什莱的现代性》(Michelet's Modernity)，《语言的窸窣》，p.208 (p.239)。

现代读者喜欢,也无法令他们阅读:这是显而易见的小资产阶级意识形态,而且他对此从不掩饰。这种小资产阶级意识形态是"那些至今仍得不到原谅的意识形态之一,因为这在很大程度上仍旧是我们自己的、我们制度的,以及我们学校的意识形态;因而,它无法像18世纪资产阶级的'进步的'意识形态那样不合时宜地被接受"。①

那么,我们为什么要阅读米什莱?巴特在上世纪70年代解释了原因,在那期间又重新掀起一股米什莱的研究热潮,他的《书信集》被出版,历史著作被重印,有一期《凯旋门》全部刊发关于他的文章。因为,虽说他的意识形态不为人赞赏,但他颇具现代性,原因有以下三点:首先,巴特解释道,如几个历史学家同行,尤其是据吕西安·费弗尔所理解,他提出了一种新的历史可以用来研究日常生活的进行,诸如人们的穿着打扮、婚嫁、死亡的方式,以及所信奉的各种符号表征。

此外,尽管他在著作中践行新科学,巴特却将其定义为替换的科学或者是象征对等——取代的科学——其中包括弗洛伊德主义②、结构主义,以及马克思主义,但他应该是可读的。第三,米什莱为什么是现代的,最深刻、最难以理解的原因是,他是一个先入为主的人,而且丝毫不以他的偏见为耻。他的每一个论

---

① 巴特,《米什莱的现代性》,《语言的窸窣》,p.211(p.242)。

② 产生于19世纪末20世纪初,创始人是奥地利的精神病学家弗洛伊德。在心理学界,这个理论是指精神分析和无意识心理学体系,也称为"精神病学"或"深蕴心理学"。分为古典和新的弗洛伊德主义。——译注

述无不产生于一个选择，每一个事实都与一个意义，一个由米什莱决定的意义相关联。

从科学的角度来说，这样的研究方法是可耻的：事实与意义重合，而且事实首先具有语言上的存在。在此方面，米什莱与尼采比较相像，如巴特在 1972 年发表于《凯旋门》的一篇文章《今日的米什莱》[①]中所论，米什莱与尼采之间的比较令人印象尤其深刻，因为尼采不喜欢这个法国历史学家："米什莱，热衷于走下里巴人路线"[②]，他用了一个俗语来捕捉这个法国历史学家中民粹主义的小资产阶级意识形态，以及他只关注生活中的喜事的做法。作为一个现代性的名正言顺的偶像，尼采的一些陈述从我们的民主文化的视角看起来令人无法忍受，由此引发了各种诠释来克服这点：因而，这些诠释能够超越意识形态——尼采自己也有一个意识形态：那种衰落与世纪末的意识，并且他青睐一种格言警句式的风格和写作模式。那么我们为何不能同样如此对待米什莱呢？例如，我们为何不考虑米什莱的写作——他的书中，那些不朽之作中呈现出的著名的抒情诗风格——事实上是一个有机的整体与碎片，持续与断续的结合？巴特谈到这位历史学家的文本如何充斥着断裂、漏洞，与孔穴。人们可以说，用波德莱尔的话说，它同时既是浓缩的，又是易挥发的，或者说

---

① 巴特，《今日的米什莱》（Michelet，Today），《语言的窸窣》，p. 197（p. 227）。

② 尼采，《偶像的黄昏》（*Götzen-Dämmerung*），p. 105。

它既像格言似的,又冗长啰嗦,产生一种既刻薄又软弱的句子。

简而言之,如果我们拓展巴特的建议,如果我们超越米什莱的意识形态去看待他,我们可以在米什莱身上发现绝对现代的一个方面,一个双重的构造,或者一个语言的多元化和杂合,它几乎是一种表达暴力。似乎语篇的每一行都可能朝各个方向而去,其作用方式就像梵·高用以打破理性透视法的笔画。[1]

在《米什莱》中,巴特根据物质、主题、一致性来组织他的解读,他似乎要构思一篇有关色彩的论文,用于解释它们的绘画,而不是其装饰用途,以及在从画家的调色盘传到画布上时它们所经历的莫名的变化。巴特所鉴定的一系列物质包括他所称的流动的材料、水、作为鱼的水、麻醉毒品、血液、石头、不流血的死亡、作为睡眠的死亡,以及作为太阳的死亡,或者作为女人的世界。常有人说维克多·雨果[2]的风格类似于德拉克洛瓦的绘画——而波德莱尔却认为这个想法令人不安。人们倒是应该将米什莱与德拉克洛瓦联系起来,他们在诸多方面有共同之处:如他们对铁青色的运用、他们的戏剧分组、在比例略图上他们都拒绝区分细节、他们捕捉运动中的人物形体的方式。

《写作的零度》在普遍性与抽象概念之间游移,其间提到不

---

[1] 关于梵·高及视角的翻转,见梅耶·夏皮罗,《论梵·高的一幅画(麦田里的乌鸦)》("On a Painting of Van Gogh(*Crows over the Wheat Field*)"),《风景》I (*View*),1946 秋季:8—13,再版收录于夏皮罗,《19、20 世纪的现代艺术:论文选集》(*Modern Art , Nineteenth and Twentieh Centuries : Seleced Papers*),pp.87—99。

[2] 维克多-马里·雨果(1802—1885),法国文学史上最伟大的作家之一,被称为"法兰西的莎士比亚",法国浪漫主义作家的代表人物。——译注

44

同的作家却没有任何引文;与此相反,《米什莱》却同时呈现出作者与文本,这是一本文章与引文的选集。它试图重新发现可能存在的、最具体的事物,以及一个存在的结构:"我一直就致力于去揭开一个存在(就算不是生命)的结构,如果你愿意,也可以说是一个主题上的,或者还有更妙的说法,一个有序的痴迷网络。"①但用《写作的零度》的话来讲,什么是这个主题,这个痴迷的核心,如果不是构成作家风格的成分?巴特在那本书中说,风格几乎超越了文学的范围,它是生命、是生物学:"意象、谈吐的方式、词汇源于的身体以及过往的生活,它们逐渐变成了他艺术上的映像……风格总是有某种天然的东西在其中……它的参照系总是生物学的,或者是传记体的,而并非是历史的:它是作家的'东西'、他的荣耀与监狱,他的孤独。"②因此,米什莱是一个人物,或者是一个从其身体暴力、从头疼、恶心、牙疼中挣扎出来的作家:一个风格与身体真正且真实的重合。他支离破碎的身体对风暴、寒冷反应灵敏,"这个残破的躯体似乎只能为最暴虐的束缚所接近,那就是工作"。③ 那些在《写作的零度》中还是抽象、断裂的要素在《米什莱》中却变得具体且连贯,统一于一个人,一个作家身上,似乎身体、工作,以及米什莱组成了一个实体。米什莱的历史不过就是他撰写历史的方式,他深层次上的

① 巴特,《米什莱》,p.3(p.5)。
② 巴特,《写作的零度》,pp.10—11(p.12)。
③ 巴特,《米什莱》,p.18(pp.17—18)。

传记。它穿越了历史的多次死亡,穿越了不同时代、国家、帝国以及制度的死亡,似乎历史的身体总是在遭受苦难,奄奄一息,而又总是不断重生,就像米什莱自己,他在 44 岁的时候,认为自己正步入那漫长的折磨以及老年当中,但 50 岁的时候,他又幸福地与他的第三任妻子,一个年仅 22 岁的姑娘,开始一段新生活。

在《写作的零度》中还是相互对立的历史与身体在《米什莱》中形成一个整体,并将写作融入其中。人们在此可见《写作的零度》中找出的三个坐标轴的极限:语言或历史、风格或身体、写作或形式。这些并非关键术语、奠定基础的常数及一个理论的要害,而就像在巴特的概念分组中常出现的情况那样——内涵/符号、愉悦/享乐、可读的/文学的、知面/细孔——它们不过是说明了理解的时刻,是阅读在向写作转换的过程中帮助思考,以及根据日常生活分类的修辞手段。巴特为达到这一目标而使用了技术手段:他并没有装模作样创建一门可靠的科学。

因而,从废弃的视角以索绪尔式的答案去解读《写作的零度》中的术语是荒谬的,这产生的问题常常令人应接不暇。诚然,在《写作的零度》之后巴特被结构主义的浪潮所裹挟,但即便在他的科学希望最为明显的时候,他的多元主义也总是阻止他发表任何信仰宣言。巴特的折衷主义总是引人注意,但有必要强调它不是为了找出理论的轻率,或者一门学科的脆弱,诸如文学批评、语言学,或者拉康的心理分析理论,而是为了强调巴特对文学不知疲倦、坚定不移的忠贞。文学总是参与到各种形式的知识当中,并同时侵蚀着它们,削弱它们的确定性,并将它们作为语言行为而上演。在《就职演说》中,他就任法兰西学院文学符号学新任主席(1978年)的第一课中,巴特谈到了作家有必要同时既要转移阵地,又要保持一定的顽固性,就像米什莱,这个永不停歇的航行者,在浩瀚无际的历史海洋中踏浪前行,穿越一个又一个事件,在其作为历史学家的工作中坚定不移地前进。"坚持意味着肯定文学的不可削减,肯定那些抵制围绕在文学周围的典型话语、各个哲学思想、各门科学、心理学,并从中幸存下来的东西,这意味着要表现得就像文学是不可比拟的、是永恒的。"①**转换阵地**意味着作家不必坚守连贯的标准,意味着只要文字能走多久,他就可以玩多久文字游戏,直到他发誓放弃,直到他达到舞台艺术的极限。那么,还有什么比那一刻更自相矛盾,当这个人,有关机构为了他而专门设立了符号学主席的职位,而他却在此时大谈那个被称作是文学的辉煌的错误?

对虚构的批评

在《米什莱》中巴特的方法类似于巴什拉②批评流派的方法:与意识形态的批评方法相对,这个常被人称作是对虚构的批

① 巴特,《就职演讲》(Inaugural Lecture),《巴特读本》(*Barthes Reader*),p. 467(pp.25—26)。

② 加斯东·巴什拉(1884—1962),法国哲学家,科学家,诗人,代表作《梦想的诗学》等。——译注

评方法——就拿巴什拉常用的词来说吧——在他自己的写作中心感知到一个作者，或者一个文本，并试图去追溯他的创作或者写作材料的产生。当巴特提到米什莱有序的痴迷系统时，他恰好履行了让·皮埃尔·里夏尔①所认为的他的巴什拉信条："我认为理念没有痴迷重要，而且理论也次于梦想。"②巴特对米什莱的解读是对作为言语基础的感觉与梦想的真正且真实的批评，该解读从一个主题进入另一个主题直到它将其中一个主题的重复的特质隔离开了——例如，归尔甫派/吉伯林派③这一对术语——这些主题将米什莱的历史组合成一部交响乐。

一个主题阅读从本质上讲不是意识形态的，在它的文学用途上，文体主题与福柯在历史分析中关于技术的想法相近。它试图在言语内部去发现生产力量并理解言语如何能被当作真理而建立；它在产生那一刻即抓住了一个技巧，而不是像意识形态批评那样运用一个外部系统，因为意识形态这个概念恰恰就蕴含着一个有待揭开的真理的思想。

应该有人写一部结构主义史或者现代法国批评史，这应该考虑到在知识上欠下巴什拉的账：这笔账很难认出，因为巴什拉

①　让-皮埃尔·里夏尔，法国当代一位充满活力的文学批评家，其批评的理论基础是胡塞尔的现象学哲学，，强调对文本的"直观"和"体验"，着重探讨个别现象，而不是普遍的范畴。——译注

②　理查德，《诗歌与深度》(*Poésie et profondeur*)，p.10。

③　即拥教皇派/保皇派。意大利政治以皇帝和教皇两个中心分为归尔甫党(教皇派)和吉伯林党(皇帝派)。13—14世纪之交佛罗伦萨掌权的归尔甫党又分裂为黑派和白派。——译注

常被认为与现代性毫无关联,也就是说,人们总是以他的虔诚,他对生命、对人类价值的完全信仰来界定他。现代性与理论先锋是无法在基于整体的系统内认出它们自己的。而与任何消极思想认同倒是容易得多,因为它是以碎片化、思想的碎片,以及原始的、根本上断续的表现主义为特征的。在《米什莱》中,巴特成功绘制了表现主义的画作,似乎那些主题,或者对感觉与意象的分析要么可以位于巴什拉的虚构流当中,要么可以位于现代碎片中,就像波德莱尔散文诗的卓尔不群的风格一样。在后来的《恋人絮语》中他将会宣称他已经明白了人体处于体操或者舞蹈中的形态意义——不是修辞上的,他似乎在力图捕捉住行动中的躯体,"工作中的恋人"。[①] 但在《米什莱》中,他已经给这些历史人物一个舞蹈意义,而且这样的人物突然抓住了正在工作中的历史学家,他正做着一个手势、正移动着他的身体——人们只需看看巴特给他的几个片段起的标题就可以看出来:《步行者米什莱》、《游泳者米什莱》、《捕食者米什莱》。

身体与其他任何一个精神活动的目标——历史、写作或者风格、坠入爱河之举——之间的联系是巴特作品中的一个主题,而且还是最令其痴迷的主题之一;这是他在关于米什莱的有关著作中所指的、有序的痴迷系统的一部分。因而,去审视巴特自己的痴迷,也就是去追溯他的风格,要比追溯他错综复杂的理论概况,无论是语言学的,还是心理分析方面的,或者

① 巴特,《恋人絮语》(A Lover's Discourse),p.4(p.8)。

去研究索绪尔,或者是拉康对他的影响,要更加合适一些。因为随着身体在巴特的写作舞台上出现,这些痴迷将会带领读者到身体的旁边:从《写作的零度》中无声的、生物学上的身体到《米什莱》中作为历史的身体,到《恋人絮语》中沐浴在恋人的泪水中的身体,再到《明室》中那位不在场的母亲的身体。只有以这种方式,我们才能了解长期以来构成写作模式的材料,因为罗兰·巴特首先是一种写作方式、一个作者的风格,而不是一个系统,或者一系列的食谱。这对于某个宣布作者已死的人而言,这似乎自相矛盾——这个论点已成为文学结构主义的主题。① 但除了这种针对任何一种命运决定论评论的刺耳的言论外,除了那种废除一种传统(那种文学史上的作者传统)的前卫语气,如果巴特紧紧抓住米什莱不放,他本可以继续在死亡中看到一种变形;如果他紧抓住巴什拉——他极少在作品中引用巴什拉,他只在一篇题为《文学或者历史》的文章中引用过——他本会坚持意象的致畸性特点:作者和作者的死亡不过是意象而已,是评论者们在工作的身影。而且这些身影在一系列的运动、变形中来来去去。此外,我们还将会看到那可怕的力量,同时,也会看到意象无能为力去组织巴特关于摄影的札记——《明室》。

---

① 巴特,《作者之死》(The Death of the Author),《语言的窸窣》,pp. 49—55 (pp. 61—67),及福柯《作者是什么?》(Quest-ce qu'un auteur?),《法国哲学学会学报》3(Bulletin de la Société française de philosophie),1969 年 7—9 月,pp. 73—104。

神话与历史

历史对米什莱而言不仅是历史学家的身体,而且还是作为血肉之躯的人的身体,他们是历史知识最终的且至关重要的实质。从凯撒到丹顿①,米什莱的历史是由一系列画像组成,它们捕捉住了个体的天然色泽,这是肉体的肤色,而不是一具躯体:路易十六是一位苍白而肥胖的国王,罗伯斯庇尔②则是只猫,马拉③是个蟾蜍,拿破仑则面黄如蜡。只用钢笔区区一划,而无需用各种线条的组合或者详细的描画,就确定了米什莱笔下的历史人物。巴特在他1951年的文章《米什莱,历史与死亡》中断言,一种不可削减的浓郁风格是每一位作家的典型特点,就像任何一个人体都具有自己的特质。米什莱笔下的历史人物的身体使《写作的零度》中的风格与写作概念更加浓缩:它们是历史的标记,以及一种在成为历史过程中同时抵制历史的物质——在短暂的历史或者同时是非历史中,也就是说,神话。巴特在他1951年的文章中写道,神话是一种张力,是"形式与实质这两极之间、种类、目的、关系、一个品德、一门科学、一个历史、还有各个身体、真实的、不透

---

① 丹顿(1759—1794),法国大革命领袖。——译注

② 罗伯斯庇尔(1758—1794),法国革命家,法国大革命时期重要的领袖人物,是雅各宾派政府的实际首脑之一。——译注

③ 让·保尔·马拉(1743—1793),法国政治家、医生,法国大革命时期民主派革命家。——译注

明的、非凡的物体，一个物质、一首诗歌之间的张力"。①《神话学》以一篇理论文章结束全文，在其中他将索绪尔的语言学运用到马克思主义者理解社会的梦想中，旨在建立"我们资产阶级社会的普通符号学"，巴特已经注意到米什莱的神话概念，以及作为神话的历史。这使得他接受列维-斯特劳斯的结构主义，一种不该被理解为是否定历史相对论的结构主义，它其实与历史研究的复兴，与新历史对新目标、新方法的追寻是一致的。以结构主义者的观点来看，米什莱自身的模糊性，以及包括从泰纳②到各个马克思主义者的实证主义历史学家和科学家，在理解他时的不自信，反而将他置于一个界于历史与虚构之间的特权位置。例如，我们想想《女巫》(《恶魔崇拜与巫术》)有多么大胆且模棱两可：它既是历史，也是虚构。巴特在他 1954 年书中的前言中说道，这本书"产生了一种对待历史的新洞见，开创了我们可以称之为历史人类文化学或者是历史神话的东西"。③

　　巴特对人种学或者人类学的关注是始终如一的；这正是在制度性的文学史中所缺乏的。人种学作为一种人类科学应该能够解释我们的社会，它因我们文化中的象征性交流而自称是高级社会。如巴特在 1976 年的一次采访中所言："应该有一种历史学家

_____

　　①　巴特，《米什莱，历史与死亡》(Michelet, l'Histoire et la Mort)，《精神》杂志(*Esprit*)178，1951 年 4 月：503。

　　②　伊波利特·阿道尔夫·泰纳(1828—1893)，法国 19 世纪杰出的文学批评家、历史学家、艺术史家、文艺理论家、美学家。主要著作有《拉封丹及其寓言》《巴尔扎克论》《英国文学史引言》和《艺术哲学》等。——译注

　　③　巴特，《女巫》(La Sorcière)，《批评文集》，p. 103(p. 112)。

从未从事过的文学史,一种神话史,其中包含每一个时期内所有作家的半集体形象。"①这样,人们就可以像米什莱穿越几个世纪追踪女巫一样来研究萨德②和兰波③:一个人物或者作者的个体性会丧失,但他们将被视为一个制度性活动的参与者,这取代了作为个体的他们。巴特在《历史,还是文学?》中宣称,作者的职能将变得与原始社会中的巫师一样:巫师参与到魔术职责中,作者则是参与文学职责。研究的真正目标就会是文学功能而不是个人,即便其功能已经通过个体清楚表明——事件与结构不是相互排斥的。只有当文学史真正成为历史,摆脱了作者观念才是正当合理的,这个观念使得文学史沦为一系列的批评专著和文学年代记。人们应该理解文学是一种制度,应该在其制度限度内,即文学功能的运用、公众的形成、将作者视为神话对待,来研究它。

《历史,还是文学?》(现在收录到《论拉辛》中)这篇文章最初于 1960 年发表在由马克·布洛赫④和吕西安·费弗尔⑤创办的

---

① 巴特,《一个性欲修辞的伟大修辞家》(A Great Rhetorician of Erotic Figures),《声音的纹理》(Grain of the Voice),p. 253 (p. 239)。这与巴特所说的"费夫尔节目的最后一点相呼应:我们可能称作是集体心态现象"(《历史还是文学?》(History or Literature),《论拉辛》(On Racine),p. 160 (p. 154))。

② 拿迪安·阿尔弗斯·法兰高斯·迪·萨德(1740—1814),是一位法国贵族和一系列色情和哲学书籍的作者。——译注

③ 让·尼古拉·阿蒂尔·兰波(1854—1891),19 世纪法国著名诗人,早期象征主义诗歌的代表人物,超现实主义诗歌的鼻祖。——译注

④ 马克·布洛赫(1886—1944),法国历史学家,年鉴学派创始人之一。——译注

⑤ 吕西安·费弗尔(1878—1956),20 世纪法国史学大师,年鉴学派的创始人之一。——译注

杂志《经济与社会史年鉴》中,在同一年,巴特成为巴黎高等实践研究院第六部(社会经济学)的研究者,这正是《年鉴》的历史学家所在的机构。在那篇文章中,巴特指出了吕西安·费弗尔的著作尤其是他所著的《拉伯雷》,对文学史的重要性,正是因为它分析了拉伯雷身处他写作的那个世界。这不是一个由趣闻轶事、琐碎的事实及争吵所组成的历史,而是重塑了一个氛围,将它作为"某些思想习惯、暗含的禁忌、'自然'的价值,以及一个人群的某些物质利益的所在地,这个群体中的人是因相同的或者是互补的作用联系起来的——简而言之,作为一个社会阶层的一部分"。① 拉伯雷不是费弗尔的研究重点,而是讨论由他引起的释义的一个起始点;他是一个"结晶器"。正如吕西安·费弗尔在 1941 年的一篇文章中所言,历史学家必须关注人的心理,而且必须"连接、明确表达一个特定时期的生存条件的总体情况,并且是以那个时期的人们用以表达其思想的意义来表达。"②因为历史学家的想法与制度并非来自永恒,而是来自于具体的,并且是不可重复的条件。对巴特而言,对形式,或者对一个制度或者功能的研究,既包括那个形式在一个模型中的产生,还包括对该形式所呈现出的、改变的、或者传播意义的描述。就像列维-斯特劳斯的方式一样,在一个模型中形式的产生对应

① 巴特,《历史还是文学?》,《论拉辛》,p.156(p.151)。
② 费弗尔,《情感与历史:如何重建以前的情感生活?》(La Sensibilité et l'histoire: Comment reconstituer la vie affective d'autrefois?),p.13。

了对一个结构主义类型的分析，其中人种学借鉴了语言学的方法；巴特将会在以后的《神话学》以及《时尚系统》中运用这种方法。对一种形式所呈现、改变以及传播的意义的描述，如对心理类型分析一样，是源于年鉴派①学者，在《论拉辛》以及许多《批评文集》中的文章中均可见此类例子。

在巴特看来，文学史家们不仅信奉永恒，而且很不明智地将现实中两个属于不同研究领域的假定混为一谈：它们一个是历史的、制度的；另一个则抵制历史。前者就观念的意义而提问，而后者则躲避历史，因为一个文学作品就是创作，是不受任何历史决定控制的，因为它是"坚硬的、不可削减的坚果"。对创作的研究必须是有关心理的。它的心理是一种深刻的心理，就像年鉴派深感兴趣的地理一样，这种心理首先触及的是物质，并抵达生物学中最为隐秘的几层，无论它是地球、海洋，还是身体。人们现在可以重新解释《写作的零度》中的双重计划：一个是它试图指出文学的制度上的限度，另一个是获得创作的物质秘密。那么，实际上写作史就是两个不同研究领域的总和。一个是情境的，是属于社会学领域的；另一个是心理学的，是对人类潜意识的研究。这样的历史才能回应费弗尔所提倡的一个能与个体感受及情感对话的历史，因为它们是社会事实，就存在于人际关系以及理性生活的底部。这部历史不仅能记录区分一代一代的

---

① 20 世纪 30 年代开始萌芽、40 年代中期开始形成的一个法国史学流派，60 年代时开始有世界性影响。——译注

细微感受差异,还能记载感知所产生的那种方式,以及此方式接下来又是如何创造了情感的各种形式。吕西安·费弗尔呼吁一种不同的历史,这将在后面的章节中涉及,至少是部分上的:"如果你想一想,就会发现我们没有爱的历史、没有死亡的历史。我们没有宗教信仰的历史,或者关于残忍的历史。我们没有喜悦的历史。"①这种遗憾可能正是决定构思一个像福柯写的疯狂史,或者是像菲利普·阿雷兹②所写的死亡史的必要催化剂。尽管其语言风格呈萨特式,但人们必须将巴特在《写作的零度》中尝试的写作简史包括在这相同的系列中。

米什莱是现代时期第一个写同时属于心理学与史学领域著作的人之一,这种历史既考虑人类的制度精神,它主要关注的是人们狂热的崇拜以及痴迷,又不断变换自己,将时间以所谓的纵向方式来分割。《恶魔崇拜与巫术》是一篇人类学的文章,它以一个神话为主题,这或许是一个会随着时间而变换的主题。它包含各种文件,既有口头的,也有书面的,它令人烦恼的魔力不时起来对抗一个僵化的学科,对抗封闭专业之间的等级分割:巫术的历史是法国历史、教会史、魔术史、医药史的一部分。吕西安·费弗尔重新评价了米什莱,正是因为他能够在一个问题上汇集平日互不理睬的学科与语言。费弗尔很少关注那些批评米什莱史实中的错误,或者是他欠缺精确表述的历史学家。费弗

①　费弗尔,《情感与历史:如何重建以前的情感生活?》,p.18。
②　死亡历史学家。——译注

尔的历史项目是跨学科的,这正是巴特所希望的文学研究的形式。跨学科性,即不同学科之间的相互协作,未必就一定会导致混乱,相反,这倒是蕴含着彼此区别的能力,在巴特看来,这正是文学史所缺乏的;它并没有从不同学科那里借用什么——一门学科并不是什么实质的东西,而且,人们如何在不同学科之间划出明确的界限呢?——而是将各种能够交互作用的技巧汇集在一起。这又将我们带回到技巧。一个人也许能够促使最细致的统计学与记载最为详尽的历史,或者是更为抽象的概论、更为基础的结构之间的相互协作。只有一个写作技巧,一种风格能够融合各种异质,能够赋予一种变化感、变形感、畸形感。如果这种形式不是叙述的形式,神话,那它又是什么呢?

历史与小说

巴特在巴尔扎克与福楼拜二人之间区分出的断裂是现代性的起始。19 世纪是创造出历史与小说的世纪。这也就是说,它赋予它们以新意及制度性的力量:我采用的是福柯意义的"创造",指的是一种技巧而非实质的发现。例如,铁一直都存在着,但新的钢铁技术使得 19 世纪的铁路建设成为可能。在 19 世纪,小说的写作是建立在叙事的基础上的,正如历史一样:而其他时期是以,例如,信件的形式构思小说。因而,人们可以将历史设想为某种不同于对事实的叙述的东西,可以将它想象成是一种分析。

叙述是在一个特定时期里确认了历史与小说的形式,而这又让我们返回来讨论米什莱,这位历史学家的故事讲述遵循了双重运动:第一个运动将历史视为一个潮流,历史学家必须或紧跟快跑或闲庭信步追随潮流,记录一个又一个事件。第二种运动则聚焦于画面,那回眸一望之间,一切场景尽收眼底的一瞥。换言之,也就是事件与结构。在结构主义的语言崛起之前,这两者并行不悖。时间在两个方向被切割:一个是流动的、历时的,另一个则是结构的、共时的。在《米什莱》中,巴特将叙事性理解为具有双重构造,而这后来在他 1966 年发表于《交流》杂志的那篇著名文章《叙事结构分析》中被他所采纳的结构主义信条否定,在这篇文章中,叙事性只是作为一系列共时序列而被研究。①

首先,人们颇有兴趣地注意到通过叙述、对过去时态以及第一人称的使用,小说与历史共享着一种修辞手法:事实——真正发生的是什么,什么才可以被记载——与虚构——那种支持小说的貌似逼真的氛围——是同一枚硬币的两面。而米什莱恰恰将在真实与貌似逼真的十字路口被人发现。这种融合是由于他执意坚持道德所引起的,这是种优先于事实的真值。叙述这两个方面的分隔——真实相对于虚构,或者现实相对于貌似逼

---

① 巴特,《叙事的结构分析》(Structural Analysis of Narratives),《巴特读本》,pp. 251—295《叙事结构分析导论》(Introduction à l'analyse structural des récits),《交流》杂志(Communications)8,1966 年,pp. 1—27)。

真——为另一种非显式修辞以及一种不言自明的、先于事实的道德在紧急情况下所采用:即在紧要关头时为客观性、科学方法,以及文件使用。在这些时候,相比口头文献,书面文献总是人们的首选。但米什莱却更青睐口头的,因为这是一种声音,而声音是属于人体的,属于他希望令其复活的那些人的身体。

在它成为一门自治的科学之前,历史是雄辩、劝说术的一部分。而且在当今,如同在新历史的无数个事例中一样,即便是它更新了叙事的形式,也似乎还是想要隐藏自己的修辞,隐藏它要成为记载实情,它是发生的真实事件的文献记录的心愿。但人们必须问一个问题,在虚构叙述与历史叙述之间作出区分是否正当合法。那个声称是基于现实的话语就真的与想象的话语不同吗?正如巴特在《历史的话语》[①]一文中指出,尼采对史实这一概念颇有疑虑,因为它并非存在于自身:为了令事实存在,人们需要创造出意义来。因而,事实首先被赋予一个语言存在,如埃米尔·邦弗尼斯特[②]所言,就像人称代词首先是话语的术语、语言学上的实例,而不是本质一样。

历史的实际状况与其说被人视为是最终历史,或者正处于新的科学时代里,不如说它仍旧在继续赋予自己以研究真实情况的正统地位。而这对于历史话语的基础就要求有一定的盲

---

① 巴特,《历史的话语》(The Discourse of History),《语言的窸窣》,p. 138 (p. 164)。

② 埃米尔·邦弗尼斯特(1902—1976),法国结构主义语言学家,符号学家。——译注

区,也就是历史在成为历史之前是语言这一事实。例如,法国新历史的代言人之一,保罗·韦纳批评了历史研究中"马克思主义概念的独创性与死板"以及单纯叙述历史的"饶舌"。一方面韦纳正当地支持概念的必要性并提议一种理想的人类历史,其中的章节标题不再是"东方、希腊、中世纪",而是"从主体权利赋予的权力到代表团赋予的权力"。[①] 韦纳并未详细论述这一事实,虽说这些术语还依旧是一种修辞的一部分。但这也许是个文学问题。如果是这样,也许人们不该研究历史与其他人类科学之间的关系,诸如社会学、经济学等等,而是应该研究历史与文学之间的关系,并且从这一视角去重新研究 19 世纪。这样的话,正像重新书写文学史要求人去解释文学的历史性,以及它作为一个客体的历史性一样,因此,为了书写历史,人们一定不能忘记历史的文学性,它的修辞的一面(一个显而易见的事实:在法国,文学史的创始人,朗松,在索邦神学院任法国辩论术的教授)。

历史的实质就像文学的一样,肯定是语言。而语言是一个结构,是一个不仅由语言事件构成,而且还是由语言希望去表现、去组织,或者去排斥的真实的事件所构成的。语言与现实彼此相互面对。人们可以认为语言表现了现实——也就是,现实主义话语、历史话语、意识形态话语,以及意识形态批评话

---

① 韦纳,《差异清点:在法兰西学院的首次讲课》(*L'Inventaire des Différences:Leçon inaugurale au Collège de France*),p. 48。

语——或者,另一方面,人们也可以认为唯一真实的现实就是语言,一个全能的构建结构,一个涵盖主题、世界,以及社会在内的绝对形式——这是结构主义者的假设。结构主义,一门语言的新科学,在阿尔及利亚战争之后的法国蓬勃发展,它似乎响应了一个古老的愿望,人们希望能够使语言普遍化,能找到普遍而且可靠的模型。它源于一个非常现代的感觉,那就是,现实变得日益多元化,要控制现实的方方面面是不可能的。法国结构主义被认为是非历史的,或者是反历史的,其创始人之一挥之不去的痴迷就是历史,因此巴特的第一个悖论关注的是历史。这个悖论无疑引发了第二个悖论,那个涉及语言的悖论。而我要争辩的是,巴特不仅仅崇拜语言,而且也憎恨语言。爱恨交织,这就是一个真爱者的悖论。

第二章
对抗语言

我不得不说话。我永远不会闭嘴，永远？

——塞缪尔·贝克特,《无法称呼的人》

对符号的激情

结构主义不过是一个历史现象,巴特自 1963 年以来就意识到了这点:

> 结构主义并未让历史不问世事,而是试图将历史不仅与特定内容相联系(这已经做了无数次了),而且还与特定的形式相联系,不仅与材料、还与可以理解的事物,不仅与意识形态、还与审美有关的事物相联系。正是因为所有关于历史可理解性的思想也同时是这种可理解事物的参与者,结构主义者几乎从不在意他是否能持久,他知道,结构

主义也是世界的一种特定形式，并且还会随着世界的变化而变化。他有能力以一种新的方式来讲世界上古老的语言，并体验着他这样做的有效性（但不是真实性）。因此，他知道他将能够让一种新的语言从历史中诞生，这种新语言为了完成任务而谈论他。①

如果人们试图去确定巴特著作中最常出现的术语，他们一定会发现"语言"一词是最常用到的词之一。事实上，这个词具有 20 世纪全部知识的特征。有一天（也许这一天已经到来），也许那些创造历史的短语将会带着丰满的修辞密度出现。那么，我们就不会再去寻求真实的想法，也不会再探究每个词语的所有哲学衍生。相反，我们只要看着这些术语，就能明白这些词语见证了一些特定时期的以及一些学术群体痴迷的事物。

它们不会屈从自己去解释什么或者去做进一步发展，而只是像米什莱的主题一样引起共鸣。它们只是些音调性的而非概念性的词语，是一个特定时期知识画像上挥之不去的形象。例如，让我们想想"科学"这一术语在实证主义时期是什么意思。那么，朗松的那句名言："潜意识就像一种语言一样被建构"就与勒南②

---

① 巴特，《结构主义者的活动》（The Structuralist Activity），《批评文集》，pp. 219—220(pp. 219—220)。

② 欧内斯特·勒南(1823—1892)，是 19 世纪法国著名哲学家、历史学家和宗教学家。——译注

那句"未来就是科学"也没有多大差别。

　　然而,我们的时代虽然对语言极尽赞美,但却是深刻地反修辞的。城市的时代已经结束,但大都会却欣欣向荣。雄辩——具有说服能力的、活跃的词语,对话性及政治性词语——已被贬低。[①] 语言学以及心理分析的世纪已排斥了修辞——其最先进的部分如拉康主义的分析一样,已从语言学视角重新解读弗洛伊德。我们的世纪目睹了通讯系统的发展,却是以表现它对语言的不信任而开始——尚多思爵士的沉默正是它的一个例子。巴特表达了他对语言的修辞构造,以及它那"建造的就像个足球场一般"的舞台的厌恶:"语言是马什的领域:言语之争。所有的档案卷宗都要收集——一本书有待完成,一本关于语言的、有节制的争论;它们总被控制着:在语言中,没有什么曾经是狂野原始的,一切都被编码,是均衡的,尤其是对体力的磨难:诡辩术、争论、马达加斯加的诗

---

　　① 见伽达默尔,《真理与方法》(*Truth and Mathod*),哈贝马斯,《合法化危机》(*Legitimation Crisis*)。关于修辞,见瓦蒂莫,《现代性的终结》(*La fine della modernità*),尤其是第八章,《诠释学本体论中的真理与修辞》(*Verità e retorica nell'ontologia ermeneutica*),pp. 138—152。在本章中,修辞被从广义上理解为说服的技巧,它支持貌似的真实,与基于确定及科学中典型的示范的真实针锋相对,但这只是假定的确定。对我而言,这个差异尤为重要,因为这又将我们带回到文学与科学之间的差异,这是巴特在后来区分出来的,我将在本书的最后一章中讨论这点。关于劝说的目的,见安托万·贡巴尼翁,《关于政治话语的合法化(劝说的劝说)》(Sur la légitimité du discours politique(la persuasion de la persuasion)),《批评》杂志(*Critique*)401,1980 年 10 月:925—947。关于修辞的重要性,见佩雷尔曼,奥布莱茨-泰特卡,《新修辞学:论证论》(*The New Rhetoric:A treatise on Argumentation*)。

歌,政治的对抗、当今学术界的争论。"①

　　甚至结构主义者对能指的强调,在语言被修辞理解的时候,例如,……如作为人们之间的交流与劝导,也是他对语言不信任的一种表现。能指:该词使用现在分词的时候如此理直气壮,但它依旧是模糊不清的,因为它既缺乏具体的意义,同时又具有几种不同意义。现在分词起到暗示作用,但它并不能劝导。古代修辞认为语言与现实关系和谐融洽,但现代理论却认为,语言与现实无法相互协调。例如拉康对文字首要地位的设想,②或者是德里达所坚持主张的写作概念不仅试图去解放自柏拉图以来,在西方文化中被压抑了无数个世纪的事物:能指、写作,"因为真理的历史,真理的真相历史,一直以来总是……写作的贬值与它在'完整'演讲之外的压制"。③ 计算机时代标志着德里达所谓的西方思想的形而上学大冒险中的一个深刻的骚动。时间已经到来,人们应该认识到能指与写作并不缺乏意义,反而能产

---

　　① 巴特,《图像》(The Image),《语言的窸窣》,pp. 350—351(pp. 389—390)。尽管如此,巴特还是对修辞学感兴趣,并预示了对古代修辞学的现代研究:"我们对古典修辞学并没有现代作品产生,通常,那些思想大师们都沦落到一些迂腐的形式主义博物馆里,似乎他们仅仅存在于耶稣会神父们写的几篇论文中"(巴特,《历史还是文学?》(History or Literature),《论拉辛》,p. 160(pp. 154—155))。参见巴特,《古代修辞学》(L'ancienne rhétorique),《交流》杂志 16,1970 年,pp. 172—229。

　　② 见拉康,《拉康选集》(Écrits),尤其是《关于〈被窃的信〉的研讨会》(Le Séminaire sur 'La Letter volée'),pp. 11—64,及《无意识中文字的动因或自弗洛伊德以来的理性》(L'Instance de la letter dans l'inconscient ou la raison depuis Freud),pp. 493—530。

　　③ 德里达,《论文字学》(Of Grammatology),p. 3(p. 11)。

生多种意义。与我们以理性为中心的文化影响分道扬镳的时候到了,德里达如是写道:

> 所有的能指,首先是书面能指,都是派生的,就可以将声音不可分解地与精神或者与所指意义表达的思想,甚至是与它所代表的实物结合起来而言(无论这是以我们刚才提到的亚里士多德的方式,还是以中世纪神学的方式来进行的,这就决定了其余的都是从它的文化内涵中、从逻辑的思想意识中,或者是从对上帝无穷的理解中创造出来的东西)。书面能指总是技术性的、有代表性的。它不具有本质意义。这种派生正是"能指"概念的起源。符号的概念总是暗示在其内部有能指与所指的区分,即便如索绪尔所辩解的,它们只不过是同一片树叶的两面。因而,这种见解依旧是在那种同时也是语音中心论的理性主义传统之内:它强调声音与生命、声音与生命的意义、声音与生命的想象的绝对接近。①

当代强调能指是意义的生产者,这看起来是现实与语言之间不和谐关系的一个历史症状,它以始于 19 世纪中叶的现代性的一个历史分裂为先决条件,似乎现代思想家们曾目睹了新问题的产生,而其他时代的人们就无所事事,只不过是在重复相同

---

① 德里达,《论文字学》,pp. 11—12(pp. 22—23)。

66

套路。这正是先锋派自浪漫主义者以来所陷入的陷阱,他们深信一次体验的绝对不同的全新感受。米歇尔·福柯的贡献在此处至关重要,因为他没有确定其他的历史断裂,以及探究权力与知识间交互作用的生产价值与抑制作用,因而避免了赋予现代性以特权。[①]

我们到底可以将巴特在这个对语言从赞美到不信任的连续体中置于何处?我们发现他正处于一个极端点,在此处主体性并不与社会、与任何一种社会语言交流,这一点表现出语言与现实之间本质上的不协调,前者是一维的,而后者却是多维的。从波德莱尔和福楼拜到巴特,他们是一脉相承的。在那一点上,最终的庇护是在文学中,几乎是在为艺术而艺术中被发现——但没有对这种公式有那种程序化的信任。[②] 那么,文学此时就处于距离修辞最远的位置:与社会、城邦,与言语之争脱节。修辞是提供给世界的语言,文学是从世界中提取的语言。

在巴特的文本中,"写作"、"语言"(langue)、"言语活动"(langage)"风格"是经常出现的术语,它们来来往往,包含着各种变量以及模糊不清的意义,这些变量及意义追随着巴特符号学的特别发展进程。符号学当然主张必须向巴特致敬,他为文学

---

① 见福柯,《规训与惩罚》(*Surveiller et punir*),关于作为知识途径的监狱,pp.122—129;关于权力作为现实的生产者,pp.194—196。参见福柯与德里达之间关于笛卡尔的《沉思录》(*Meditations*)的那场著名辩论:福柯,《我的身体,这纸,这火》(Mon Corps, ce papier, ce feu),《疯狂史》(*Histoire de la folie*),pp.583—603。

② 罗杰,《罗兰·巴特》,pp.18—19。

批评引进的主题与问题源于索绪尔语言学,以及拉康的以结构主义为导向的心理分析。另一方面,对其著作的矛盾的解读不可避免地凸显出他的写作如何坚定地植根于对抗语言的反叛中——"对抗"(against)在此采用了它的"对立的,以及附近、实际的近距离的"双重含义。而"反对……"(contra)这个介词则表达了爱恨交织的情感。那样的话,巴特所有的著作看起来都会是一个和语言之间的肉搏战——这与构成《写作的零度》的基础的是同一个战斗,在其中我们看到作家奋力将他的写作从语言的物质性中、从刻板的语言编码中解脱出来。写作对抗着自然语言,对抗着与一个人同时代的人们所说的语言。《罗兰·巴特自述》是本批评性自传,由一些文本片段组成,这种情形挑战了自传与文学批评的类型。在本书中,巴特问自己,"如果他终生都选择了错误的语言会怎么样? 他会变得更易于为这种惊恐所控制,晚上待在家里,他大量的时间都用来看电视:在此,一个公众语言不断被表现(被责备),而他却与这种语言分离着;虽说这种语言令他兴趣大发,但这种兴趣不是相互的:对电视公众而言,他自己的语言似乎看起来完全不真实(而且是在审美愉悦之外的,任何不真实的语言都可能是荒谬的)"。①

在此,我们开始反抗文学符号学以及所有结构主义里最复杂的一个问题之一:书面语与口语之间的分裂。如何能将语言学与文学进行比较,前者将口语作为自己的参照点,而后者却以

---

① 巴特,《罗兰·巴特自述》,p. 115(pp. 118—119)。

书面语为自己的参照点？在《写作的零度》中，巴特认为"所有的写作模式都共有这样一个实际情况，即它们都是'封闭的'，因而是不同于口语的"。① 后来，在 1971 年，他还认为"雅各布森为文学送了一份大礼：他将语言学赠与了它。当然，文学并不是干等着去了解这是语言：所有的经典修辞术，直到瓦雷里②的时候，都证明事实"。③ 当然，索绪尔已经遭遇了书面语及口语的阻碍，而且，正如德里达指出的那样，他在其《教程》第六章里提到了"文字的暴政"。④ 在此困难中出现了两个索绪尔，一个是收录入《普通语言学教程》中的那些笔记的作者，另一个是《字母移位》的作者。⑤ 一个作者决定口语的根本线性法则是从说话人的口中传到听话人耳中。另一个作者则在研究古拉丁语诗歌期间，发现了一个同语言学规律相对的法则。古拉丁语诗歌中，诗歌既可以线性方式向前行进，还可自己原路返回。在词语的下面还有其他的词语。首写字母的重复再现了诗歌所秘密题献的众位英雄或者诸神的名字。在书面语与口语之间有一道深渊，因为口语和书面语——无论是文学的，还是诗歌的——都是

---

① 巴特，《写作的零度》，p. 19（p. 18）。

② 保尔·瓦雷里（1871—1945），法国诗人，象征派大师。——译注

③ 巴特，《一件奢华的礼物》（A Magnificent Gift），《语言的窸窣》，p. 159（p. 187）。

④ 见德里达关于索绪尔的讨论，《论文字学》（Grammatology），第二章，《语言学与文字学》（Linguistics and Grammatology），pp. 27—73（pp. 42—108），尤其是 pp. 38—42（pp. 57—62）。

⑤ 斯塔罗宾斯基，《字下面的字：索绪尔的易位书写理论》（Les mots sous les mots：Les Anagrammes de Ferdinand de Saussure）。

以截然不同的方式创造意义。但这道鸿沟可以连接起来,因为具普遍意义的记号科学,或者如索绪尔和雅各布森两人所界定的,符号学,与其说是交流的科学,还不如说是一种意义科学,而且,如雅各布森所言,诗学功能与生俱来地存在于口语的使用中。巴特认为"每一个强调讯息形式的言语行为都是富有诗意的"。[①] 他这个说法实际上重复了雅各布森的思想。但是模糊性依旧保留着,那个语言学是书面语科学的悖论也同样如此。然而,语言学关注的却是口语。德里达在 20 世纪 60 年代和 70 年代时致力于建立一个写作学并确立写作的首要地位,可以看作是化解这种模糊性的总体工作中的一部分。他暗示口语不仅看起来是书面语,而且它一直就是如此。此外,我们的文化将所有重点都放到声音、逻各斯,以及言语的存在上,这源于始于柏拉图的对写作的巨大压制,他把写作降格为不过是副本的副本。从声音首要性到写作首要性的转变是一种心神不宁的症状;人们以为已经找到了解决办法,虽说它可能有消极影响,但人们可以扫除往日的错误,这是典型的先锋派人士的想法。但如果这两种可能性都并存而又不必分出谁先谁后;如果有持续不断的往返,一个永恒的回归,但从不会有一个赢家;或者在形成过程中有不规则的循环、途径、发散物、意象、人物,那会怎么样?

巴特的符号学在一个运动中建构自己又解构自己,这种运动类似于恋人的话语里人物的运动,这种运动经历了从抵制到欣喜

---

① 巴特,《一件奢华的礼物》,《语言的窸窣》,p. 159(p. 187)。

若狂再到厌倦的种种变化。但这三个阶段合而为一,因为它们并不按照逻辑的或者时间顺序将一个阶段引入另一个,而是以一种舞蹈的方式一起行动。简而言之,巴特的符号学是一种激情。热拉尔·热奈特①对此深有感触,在20世纪60年代初期,他曾评论过巴特借鉴于马克思主义、巴什拉以及《新小说》的多元化的意象,他也谈及自己"转变"为结构主义的无足轻重:"就起源及有效原则而言,巴特的符号学是以一个对符号着迷的人为特征。无疑这种痴迷中混杂着一些厌恶的情绪,就像福楼拜与波德莱尔的情况一样,因而本质上具有激情的模糊特性。"②

这是一种区分"好"符号与"坏"符号的激情。好符号即刻就显现出其随意性的特质,而坏符号则试图冒充自然天成。巴特在《神话学》中所举的那个著名的例子是《巴黎竞赛》画报封面上那个黑人战士的例子:他向法国国旗的敬礼被处理得貌似诚挚。当这个阿尔及利亚人似乎跟其他任何一个法国人一样,为自己是这个国家的一分子而感到骄傲的时候,我们如何还能怀疑法兰西帝国的优秀?③ 如热奈特解释的那样,在面对意义的时候,巴特的结构主义根本没有放弃责任。它远非单纯的形式主义。

---

① 热拉尔·热奈特(1930—),法国著名的批评家、修辞学家以及结构主义叙事学代表。——译注

② 热奈特,《符号的背面》(L'envers des signs),《修辞Ⅰ》(Figures Ⅰ),pp. 195—196。

③ 见巴特,《今日的神话》(Myth Today),《神话学》(Mythologies),p. 116(p. 201)。亦可参见希思对同一例子的分析:《移位的眩晕:巴特的讲座》(Vertige du déplacement: Lecture de Barthes),pp. 44—45。

相反,热奈特辩解道,它品行极其端正,有一种净化的作用,它揭示了神话另一面事物的真实意义,并且揭穿了历史歪曲意义的各种方式。对巴特而言,历史有一个双重意义。一方面——这是它积极的一面——这是从事件中不断建构形象的过程,如在米什莱的作品中一样;它丰富而富有诗意,这令人回想起维柯①想象的在文明初期阶段人类的创作活动。另一方面——这是它的消极作用——这既是意识形态的硬壳,也是一个欺骗的证据。而巴特的符号学意欲打破神话的意识形态硬壳。符号学分析与交流的世界,诸如出版机构、电影界、时尚界、广告业,发生碰撞。交流的世界可以被界定为是口语的世界;此外,符号分析还与文学世界相冲突,而文学世界却是书面语的世界:在《神话学》中,巴特认为《写作的零度》"不过是文学语言的一个神话而已",②换言之,对文学所使用的符号的分析这样界定自己。文学制度中必然隐含着意识形态、消极的谬见,但在其后面,文学自身,那个真材实料的文学在闪烁着微光。热奈特指出了可谓是巴特对文学的怀旧之情。从所指到能指的转变只在表面上看起来是对意义的轻视:"我们倒是应该说它是从意识形态的意义出发,诗学意义是一个无声的存在,对它而言,意识形态意义是一个侮辱性的字眼。"③热奈特几乎预见了巴特发展的最后阶

---

① 维柯(1668—1744),意大利伟大的哲学家、语文学家、美学家和法学家,在世界近代思想文化史上影响巨大,其著名代表作有《新科学》、《普遍法》及《论意大利最古老的智慧》等。——译注
② 巴特,《今日的神话》,《神话学》,p.134(p.221)。
③ 热奈特,《符号的背面》,《修辞Ⅰ》,p.202。

段,当他在法兰西学院进行就职演说时,巴特阐述道,"实际上,文学符号学是一段由于疏忽大意而将我们带到一个国家的免费旅程,那儿不再有天使或者恶龙来守卫着它"。① 这位符号学家将诗人霍夫曼斯塔尔隐藏起来,他眼睛都不眨一下,总是不断盯着世界的各个方面。

风格与写作

随着激情从《写作的零度》到《就职演说》这一路上的发展,它的三个阶段——抵制、欣喜、厌倦——可以用来描述写作和语言之间的关系。巴特在《罗兰·巴特自述》中说他有一个病:"我能看见语言。"②他就像维特③看见夏洛特与阿尔伯特④在一起一样看见它,并且为此受到伤害。语言为他人所有,它受到刻板印象的打击与破坏。像福楼拜一样,一个想法在巴特心中总是挥之不去,他担心语言最终会被消耗殆尽。这又让我们返回来论述《写作的零度》中的基本话语,除了它作为文学语言的一个神话之外,只有写作的和语言的创造才能将一个人从语言的损耗中解救出来,才能让一个人避免说一些语言强迫他说的话,而这是作为符号流通的语言、作为权利法则的语言迫使他去说的,

---

① 巴特,《就职演讲》,《巴特读本》,p. 476(p. 41)。
② 巴特,《罗兰·巴特自述》,p. 161(p. 164)。
③ 歌德《少年维特之烦恼》中的人物。——译注
④ 同上。

因为语言就像金钱一样,是一个规范人际关系的象征结构,它采用是的某些特定语言或者语言系统的形式。为了将自己从语言的侵蚀中解救出来,人们必须创造一种新语言,必须忽视文化纪念品、传统的负担,以及先锋派的干扰。因为语言已消耗殆尽,它在抵抗着作家:形式的代价是高昂的,那些写作者必须与语言奋力挣扎,它又聋又备受摧残。语言的耗尽还导致了对刻板印象和可怕的重复的厌倦,以及对固化的形式及思想的排斥。

为了避免语言的磨损,作家必须——常常,而且不知疲倦地——担任**拜占庭帝国的文官**。巴特用这个词语为那些创造了引爆自然语言的人工语言的人命名。萨德、傅立叶,以及罗耀拉在施虐狂、革命及神秘主义的另一面创作的时候建立了这样的语言,他们生产的文本都语言清新、都是以类似的组合为特点,都因相似的分类欲与列举渴望而生气勃勃。《萨德、傅立叶、罗耀拉》是本快乐的书,它产生于阅读的乐趣、文本的乐趣,以及文本概念的乐趣。文本作为一个新事物已取代了传统的作品概念。在一篇1971年的文章《从作品到文本》中,巴特说道,"作品是物质的一个碎片,它占据了书籍的一部分空间(例如,在图书馆里)。而文本却属于一个方法论的领域……作品被捧在手中,而文本却被束缚于语言中:只有当它参与一个话语时才能存在"。[①] 文本不仅暗示了克服书面语与口语之间二元对立的可能性(或者,至少

---

① 巴特,《从作品到文本》(From Work to Text),《语言的窸窣》,p. 57(pp. 70—71)。

是好文学与坏文学的二元对立），而且，人们在各处都可以发现一点点文本的踪迹。文本是多元的，它"就算没有实现社会关系的透明，至少也实现了语言关系的透明：在文本空间里，没有哪个语言可以压制另一个语言，在这个空间里，语言得以流通（在此保留该词的循环之意）"。①

多亏了那些能发现新语言的人们，多亏了文本的力量，符号学似乎才能梦想成真：虽然我们可能无法克服人类社会的阶级结构，可是我们能在阅读的乐趣中做到这点，在一些人们的认同中做到这点，这些人深知光线、快乐写作带来的愉悦。同样的欣喜源自于对新语言的喜爱，还源自于一个证据，该证据证明了那些**拜占庭帝国文官**的语言——萨德、傅立叶、罗耀拉，以及任何一位创造语言的人——只能接受"符号学对文本的定义"。② 这是一个真正且实在的节日，如巴特在《恋人絮语》中所言，就像处于热恋中的主体，每一次与心上人的相逢，对其而言都是令人心醉神迷的。③ 这是一个文本理论与文本实践之间的完美会见，前者在上世纪 60 年代以及 70 年代的法国曾激起无数的争论；而后者则指的是萨德、傅立叶，以及罗耀拉的写作。评论家，就像恋人一样，体验着学术研究与阅读激情之间的和谐关系带来

---

① 巴特，《从作品到文本》，《语言的窸窣》，p. 64（p. 77）。《文本的愉悦》（*Pleasure of the Text*），全书都在讨论这个主题。

② 巴特，《萨德、傅立叶、罗耀拉》（*Sade*，*Fourier*，*Loyola*），p. 3（p. 8）。

③ "多情的主体将与心爱之人的每一次相逢都当作一个节日般体验"（巴特，《恋人絮语》，p. 119（p. 139））。

的欣喜若狂。一切事情都如此巧合,于是融合随之而来:这是阅读与写作之间的、理论与实践之间的、书面语与口语之间的,以及批评写作与诗学写作之间的融合。融合是一个节日,这正是享乐的原则。

写作与语言的抵抗之间的斗争,只有在这种斗争的结果能够在阅读中被发现时,也就是说,在与一个崭新的、年轻的写作接触时,才能变成一个节日,这个全新的写作已经与传统、与强加于头上的刻板印象、与规范分道扬镳。

谈到《萨德、傅立叶、罗耀拉》中的写作、语言,与风格时,巴特用到了拉康的术语("一致性"、"坚持"):

> 虽然通过历史定位,这三个人都致力于一个表现及符号的思想意识,但我们的**拜占庭文官**们所创造的已然是文本;也就是说,对于陈词滥调的风格(如在"伟大的"作家中发现的),他们已经找到一个方法来取代写作的工作量。风格假定并实践物质与形式的对抗;这是一个亚结构的层叠;当写作到达某一点时,它会产生一系列能指,以至于再也没有能够被复原;因为它被构想为一种"形式",风格意味着"一致性";而写作,用拉康的话讲,只承认"实例"。①

一个事物似乎是为另一个事物而生:文官为了文本符号学

---

① 巴特,《萨德、傅立叶、罗耀拉》,p.6(pp.10—11)。

而生、文学为了心理分析而生,反之亦然。在此,风格看起来是一个具有一致性的事物;它具有语言的特性,而且颇有影响。它召回那些为传统所僵化的事物:系统、小说、以及演讲——这就是那三位**文官**被文学史冰封之处。但是节日则意味着融合,接着,慢慢地,"随着风格被吸收到写作里面",系统、小说,以及演讲逐渐消融于某个系统的、存在于小说中的、奇妙的事物中,而它最终却又不同于系统、小说,与演讲。这个某物是一种风味,而不再是一种类别:"萨德不再是个色情狂,傅立叶不再是个空想家,罗耀拉也不再是个圣人。"①

吸收与消融正是一致性与重要性的对立。它们对抗抵制,或者更确切地说,它们源于成功地克制了自然语言与刻板印象的抵制(stereos 的意思是"固体的")——稠密、坚硬的物质:为了攻克抵制,人们必须有执着的信念,为了发现新的写作,人们必须坚持不懈地去写。②

我们知道,"风格"与"写作",还有"言语活动(Langage)"与"语言(langue)"这几个术语以不同的方式在《写作的零度》中被用到,而且并未提及拉康或者索绪尔的观点,那时巴特对他们还不是很了解。风格,被认为是作家的身体,当然是有分量的,但并不显得消极。它几乎是无声的价值,但就像无形的物质一样,

---

① 巴特,《萨德、傅立叶、罗耀拉》,p.6(p.11)。

② 关于固执的主题,见安托万·贡巴尼翁,《书写的固执》(*L'Entêtement d'écrire*),《批评》杂志(*Critique*)423—424,1982 年 8—9 月:666—680。

它总是去迎合所谓的形式价值——写作——的各种要求。然而，在《萨德、傅立叶、罗耀拉》中，为文学史所认可的、伟大作家的风格才是始终如一的，犹如一个负值一般：它具有语言的所有分量，一个被编码并流传的语言，而且它必须蒸发并被吸收进写作中。巴特在一篇几乎与《萨德、傅立叶、罗耀拉》同时发表的文章中指出，风格"一直都是二元系统中的一部分，或者你愿意这么叫的话，在两个术语的神话词形变位表中"，它"自然而然地根据时期与派别已经改名换姓，甚至连内容都已更改"。① 如巴特在《风格及其形象》一文中所言，更早期一些的对立是**形式**与**内容**间的对立，它基于**物体**与**言语**的修辞对立的基础之上。更近一些时期的对立出自索绪尔语言学，是标准与异常之间的对立：在那时风格被视为是某个规则的例外（虽然也被编码），这是对当前用法的一个越轨（虽说是个体的，但也是制度性的越轨），有时被认为是言语的（如果我们通过口语来界定标准的话），有时又被视为是散文体的（如果我们将诗歌与"别的东西"对立起来）。② 在《风格及其形象》一文中，从他以语言学的术语来给风格下定义的意义上讲，巴特的态度还不甚明朗。神话学家也采用了这一做法："风格系统是其他众多系统中的一个，它具有归化功能，或者是通俗化功能，或者是驯化功能……还有什么能比

———————————
① 巴特，《风格及其形象》(Style and Its Image)，《语言的窸窣》，p. 90 (p. 141)。
② 同上，p. 91 (p. 142)。

读到的一句话更熟悉、更明显、更自然呢？风格在内容的语义表达中'蔓延'，通过转喻的方式，它将所讲的故事归化并宣告其无害。"①

最终，风格的这种负面性并不是非常重要。巴特实际上是在用雅各布森的技巧与术语据理争辩风格的形象。重要的是，巴特在此探讨的其实是书面语与口语差异的主要问题。他认为，如果在现代的条件下，风格还依赖于标准与异常之间的对立，那么风格作为文学效果也会被视为是异常的讯息，它违背了当今的口语规范，或者令它出其不意。风格最终还是距那种人们认为是正常语言的类型很遥远，而且大不相同。这是一个不幸的差异，它建立在某个显而易见的事物上：一方面，口语是沿句子的线性运动而发展，这些句子因为常常是未完成的，因而也就不成为句子。另一方面，书面语是以封闭的、完成的句子为特征(巴特过去常说，教授就是某个说话时就结束了句子的人)。②可是，语言学的目标是句子：人们几乎需要两个自治的语言学，一个是口语的，另一个是书面语的、是句子的。但如果一个人要创立这两个科学的话，那么他就得秉承将口语与书面语区分开来的原则，并且公然抨击语言学在研究书面语时自相矛盾的态度，因此，同时他还得假装语言的权威形式就是活生生的词语，

---

① 巴特，《风格及其形象》，《语言的窸窣》，p. 94(p. 145)。
② 见巴特，《作家、知识分子、教师》(Writers, Intellectuals, Teachers)，《语言的窸窣》，pp. 309—331(pp. 345—368)。

而写作不过就是它的抄写而已。

巴特无法解决此问题,他只能指出这个问题有多么复杂。他无法克服标准与异常之间的,以及口语与书面语之间的对立。同雷蒙·格诺一样,巴特也为此对立困惑不已,但他并未试图去消灭它,像格诺用自己的作品所做的那样,他的作品是根据法语口语的发音、语法,以及句法而创作。但巴特却认为书面语与口语之间的问题包含所有可能的含义,并开始假定文学语言的抽象性——正是风格的建立——要先于任何个体风格的选择。简而言之,他关注的是风格神话成为一个神话的方式。关于风格的想法本身是一个意象、一个刻板印象。

这又让我们返回去讨论神话学的分析。事实上,当巴特完全沉浸于语言学中,当他从一个语言学视角看待文学的时候,他是作为一个社会学家、神话学者,或者仅仅是一个意识形态的批判者。他逐渐陷入意识形态批判者的口是心非中,他力图撕开幻想的面纱,而这是我们都会创造的,而且就是用这些幻想的语言所创造的;他被迫寄希望于一个新科学的到来,它能够说出一切实情,并且将符号从其根本的疏离状态中解脱出来,它存在于能指与所指的区分中,存在于存在着"自然"意义的思想中。

但是这个节日并不存在于任何一个未来的科学中,它存在于一个完全私密的、个人的时刻:在文本的享乐或者快乐中。这个节日暗示着个体的自由,他不让自己为逻辑矛盾的难题所吓倒:"这样一个人会是我们社会的一个笑柄:法庭、学校、收容所、礼貌的交谈会将其放逐:谁会毫无羞耻地容忍矛盾?这会儿,这样一个反英雄就存在着:他就是文本的读者,在他从文本中获得乐趣的那一刻。因而,圣经神话得以颠覆,语言的混乱不再是个惩罚,通过**并肩**工作的语言的共栖,主体获得了通向享乐的途径:这个给人以愉悦的文本就是被认可的圣经。"①

这是一个真正纵情声色、开怀畅饮的时刻,虽说《文本的愉悦》确实通过术语使用,以及享乐与愉悦的联合而使自己处于拉康主义的语境中,但这令人想起了尼采和巴塔伊,而非拉康。巴特假定在欲望与法律、愉悦与制度之间存在根本的对立,而拉康却必须将其放在一起构想。在这方面,巴特与布朗肖也不同,虽然他们在其他众多方面都很相像。对布朗肖而言,法律绝不会沦落为制度。例如,想一想《白日的疯狂》这个故事将法律与制度区分开来,表现出后者令人压抑的个性,而法律看起来却并不令人压抑。事实上,在文中医生代表着制度,他就像个警察一样,在试图强迫那个莫名其妙致瞎的叙述者解释事故是如何发生的。而另一方面,法律则装扮成一个女人的形象出现:"在他们的背后(医生们的),我看见了法律的影子。不是人们普遍了解的法律,那个是严厉而令人不悦的,但这个却是截然不同的。我根本没有被其威胁吓倒,相反,倒是我把它吓着了。我本该想到我的一瞥是有爆炸性的,我的双手是死亡的必需品。"②法律的寓言人物表现为叙述者的替身,是他最深刻的本质,他的自

---

① 巴特,《文本的愉悦》,pp. 3—4(p. 10)。
② 布朗肖,《白日的疯狂》(*La Folie du jour*),p. 29。

我："真相是我们再也无法分离了。我会追随你到天涯海角,住在你的屋檐下,我们将分享共同的梦境。"①

为了有一个节日,人们必须抛弃所有的社会约束。这个节日意味着阅读或者写作,在其中人们发现为那些**拜占庭文官**们所体验到的,还有那些引爆标准和异常之间对立的人们的快乐。虽说新的科学未能给一个完美的社会定下什么规则,巴特却在发展经典的且古老的快乐主义喜好。在 1977 年的一次采访中,他痛诉快乐主义为我们的社会所不容:"快乐主义被认为是件'坏事'。不是什么好事。不怎么为人理解。难以置信,这个词竟然会被贬得如此不堪。没有人,根本没有人,没有哪个哲学,没有哪个学说敢于从事快乐主义的研究。这是一个'淫秽的'词语。"②

对巴特而言,最为快乐主义所青睐的目标毫无疑问就是文本:在这个场所,多元、共存、痴迷,及书籍与人生令人欣喜的重合得到承认:"那么,文本愉悦的指标就是当我们能够与傅立叶、萨德共同生活的时候。"③文本是一个从意识形态中解放出来的空间,甚至是像作者之死那样的、先锋派的意识形态。作者及其作品是传统文学史及文学批评的试金石,而文本在先锋理论中代表一个终结,作者以及作品不必再忍受传统的传记约束。但

---

① 布朗肖,《白日的疯狂》,p.31。

② 巴特,《知识分子有何用?》(Of What Use an Intellectual),《声音的纹理》(Grain of the Voice),p. 261(p. 247)。

③ 巴特,《萨德、傅立叶、罗耀拉》,p.7(p. 12)。

文本的愉悦既排斥传统的、也排斥先锋的规则："文本的愉悦也包括作者的友善回归"；①文本构成一个制度之外，以及知识之外的地方，知识在此是作为学科与教条而建立的："没有什么比将文本想象成一个知识客体更令人郁闷了。"②

但对巴特而言，文本与风格并非总是不同。情况并非总是如此，它们一个存在于多元化，而另一个则存在于标准与异常的二元对立中。事实上，在《罗兰·巴特自述》中，风格变成了一个积极的价值，一个通向碎片的理想并使作家从其"反应倾向"中解脱出来的价值："在他写的内容中，有两个文本。文本 I 是反应性的，易为愤怒、恐惧、无言的反驳、轻微的偏执、防卫，以及场景所触动；文本 II 是积极主动的，多为愉悦所动。但随着它被书写、改正、不断适应虚构风格，文本 I 也变得积极起来，它的反应外皮被褪下后只能在存在于个别地方(仅仅是在括号里)。"③在此，"文本"没有被大写，而"风格"却被大写了。至于那些愤怒、恐惧、防卫，与场景，所有这些内在的反应不过是身体不为人知的生理作用，因而，用《写作的零度》的话讲，就是作家的风格。

声　音

巴特为何在风格的正面与负面评价中游移不定？先不说巴

---

① 巴特，《萨德、傅立叶、罗耀拉》，p.8(p.13)。
② 同上，p.7(p.12)。
③ 巴特，《罗兰·巴特自述》，p.43(p.47)。

特自己的意图,这种不一致能有什么好处? 写作与风格的模糊不清是很有价值的,因为它取代了经典的语言与言语的区分,这种区分使得索绪尔能赋予演讲者以相当大的自由,他可以自由地从一个业已存在的语言系统中借用词语。他的选择只由其欲望以及其表达自身时所处的具体情形决定。巴特将自由与约束问题置于作家所处的痛苦语境中,置于书面语而不是口语中。面对着一页白纸,作家无法像演讲者一样玩游戏,后者几乎是无意识地、想入非非地带着一种切实的即时性来选择词语,而且无需担心如何结束句子。而书面词语创造出一个比口语厚重得多的系统。它必须与历史和传统达成协议。我已经说过,最终,白色写作或者语言的乌托邦是不可能存在的,因为最终总是历史胜出:它将所有形式制度化或者彻底将它们忘记,以此来淹没、吞下所有形式。

而且,巴特在写作与风格间的犹豫不决证明了写作中声音的合理性。在《文本的愉悦》中巴特说,达到完美的愉悦的那一刻在于高声写作,在于出声的写作,而并非在口语或修辞语言中,正是在于话语传递过程中的语言。相反,高声写作却是由词语但不含话语成分、由纯粹的声音来传递,"那声音的纹理是一种音色与语言的色情混合物"。① 简而言之,这标志着身体的开始。但是这个文本的身体,处于文本的愉悦中的作者的身体,以一种亲密的方式再次出现,那个身体就只能是风格,如在《写作

---

① 巴特,《文本的愉悦》,p.66(p.104)。

的零度》中一样,是一种特别的个体风格,这是一种匿名的风格,因为它沉浸于生物学中。如我在第一章中所述,在《写作的零度》中,孤独构成了作家风格的基础,改变了其悲剧寓意,并在愉悦的爆发中回归。它回归到文本的多元化组织中,回归到变换创造出的闪烁中,又称作"云纹",这是一种会变色的组织,常被巴特用作代表文本的一个意象。虽说这可能是一种责任与恐惧的孤独,一种对现存条件无法言传的孤独,就像无法言传的快乐的孤独以及狂喜的孤独一样,这也是令人愉快的。人们不该过于强调享乐(jouissance)与愉悦(plaisir)之间的区别,但拉康主义的正统说教却强调这点,因为二者都是情感:"情感:它为何要对享乐持反感态度(我以往都做错了,我总是完全从感伤的一面,从道德错觉一面来看待它)?……与总体规则对抗:**绝不要让自己被享乐的意象所蒙骗。**"①在《文本的愉悦》里所有关于愉悦的孤僻特性的陈述中,下段文字足以作为例证说明一切:

> 我喜欢文本是因为对我而言,它是一个罕见的语言场所,在其中任何"事件"(从该词指家庭的、夫妻间的意义上讲),任何口角都全无踪影。文本绝不是一个"对话":没有伪装、咄咄逼人、敲诈勒索的风险,也没有个人习语的对抗;文本在普通人类关系内部建立了一种小岛,这表现了愉悦的不合群特性(只有休闲是社会的),使人们得以瞥见享乐

---

① 巴特,《文本的愉悦》,p.24(p.42)。

可耻的真相:只要言语的意象蓄水池被废除了,它很有可能是中性名词。①

在弗洛伊德的作品中,拉康的作品中也一样,痛苦与享乐相伴相随,它们持续地荡来荡去,在一个可以避免的节奏交替中相互追逐。

身体的再次发现存在于写作的声音中,存在于乔伊斯的嗓音中,而且这个身体是处于其最神秘、最不合理的一面。语言作为身体得以重新发现。写作中的声音,或者是高声写作,在寻求"一种与肉体协调的语言,一个文本,在其中我们能够听见喉咙间颗粒的声响,听到辅音的色泽、元音的丰满,听到整个肉体的立体声响"。② 文学的完善存在于此,这使得它变成了一首歌、一首乐曲:那个神秘的、出自一个人的声音,对一个身体而言既是特别的,又像处于原始状态的物质一样没有个性特征,这个声音被融入本质上是无声的事物中,也就是书页当中。这样,文学就可让我们从某种不在场的事物中得到快乐,但它又存在于自己的不在场中,因为这种高声写作不是用嗓音朗读,而是被想象成是出声的,被当作是一种声音,因为它不是真实的,它是记忆中的声音,是对书面语言可能的、实际上的声音的感知,因而变得越发美丽。

---

① 巴特,《文本的愉悦》,pp.15—16(p.28)。
② 同上,p.66(p.105)。

这个柏拉图背景是不可否认的。因为,在愉悦的那一刻,我们再次看见现代社会对作为意义与交流的语言持不信任的态度。巴特说他在这种高声写作中听见"身体和舌头的表达,但不是意义与语言的表达"。① 简而言之,是某种比语言更真实、更强烈的表达。但**表达**是语言的一个性能,是言语自身的一个性能。如果说文本的愉悦来自于词语,在书面语中、在完整的句子中,或者在某个被留在悬念中的、颠覆性的句子中,它在一个问题中而同时它又已经是答案之中继续,或者被限制于括号中,或者在一系列的冒号或者点中,那么,人们如何能相信一个语言之外的领域?如果这不是为现代性、为马拉美的《骰子一掷》所认可的文学风格,那这又是什么?巴特再一次发现自己站在霍夫曼斯塔尔的立场。像尚多思爵士一样,他只能书写语言的不可能性,又像那个返乡的游子,回乡后他必须用话语来表达一次感触强烈的经历,无论这是梵·高画作的真相,还是色彩的强度,一个声音或者是一段旋律的魅力。但巴特只能表达在追寻无声的声音时和语言相关的快乐,因为不像古代修辞中的言语的传递,高声写作不是一个实践、一个技巧。其目的不是话语的表达性,也不是语言信息的清晰明了,以及交流的戏剧性一面,这可以使个人之间有更为直接的接触。高声写作与身体、物质,以及欲望的不可理解的现实有关。这是语言陷于其原始的身体条件——喉咙、嗓音、嘴巴,"一整套肉体的立体声音响"——却没

---

① 巴特,《文本的愉悦》,pp.66—67(p.105)。

有人类交流赖以生存的所有的句法规则、语法规则。这是一种人们可以谈论的写作,"似乎它存在"一样。① **似乎它存在**:因此,它既存在,又不存在,既是声音,又是写作,既是想象的,又是真实的。简而言之,它不允许相互排斥的对立,而是将它们都融合在一起。

然而,最重要的是,人们能够当它存在似的说起声音,这又将我们带回到米什莱身边,回到他作为历史学家所做的令人敬畏的工作上,他曾试图给历史一个或者许多声音,那些曾创造历史的死者的声音。巴特在《米什莱》中写道:

> 对米什莱而言,大堆的历史事实不是有待重新构建的谜团,而是一个将要拥抱的身体。这位历史学家只是为了去识别一种温暖而存在着……因此,历史真相的根源是作为声音,而不是作为目击证人的文件。米什莱单单只考虑它们曾作为生活属性的特质,这是一种享有特权的物体,过去身体的残留记忆紧紧抓住它不放手。因而,一个文件越是接近一个声音,它就越不可能离开创造它的那份温暖,那么它就越是历史确定性的真正基础。②

这正是《文本的愉悦》的感官性及不在场的声音的物质性,

---

① 巴特,《文本的愉悦》,p.66(p.104)。
② 巴特,《米什莱》,p.81(p.73)。

虽然它不在场。这对应着美丽写作的理想,也就是,赋予快乐的写作理想:声音与写作应该"像一个动物的口鼻一样有血有肉、柔软灵活、润滑、颗粒均匀而且充满生气"。[1] 最后,写作应当具有身体的,以及呼吸的热度。巴特暗示,那个愉悦或者享乐根本不是他在《风格及其形象》一文中所谴责的东西,也不是"人文学者的活句子神话及有机模型的恶臭"。[2] 有机性绝对是与现代主义者的品味与经历背道而驰的。巴特重视的不是有机性而是器官:嘴唇、嘴巴、耳朵。因为,我们在此带着一种恋物癖的喜悦,讨论的是不完全的有机性。婴孩对自己身体的第一次体验就是不完全的;因此,当一个人寻求快乐的时候,他是在试图发现他的婴幼儿时期,而这要么已经被忘怀,要么与意义条约以及我们的文化与社会所要求的理性不相容。

书面声音(或者出声的写作)的主题在索绪尔语言学中产生了另外一个重要的转变。语言学家设想将主语做主动与被动的区分,主动的主语指言者,被动的主语指听者。相反,我们应该考虑到这点,当我们听人说话的时候,我们不仅接收别人的声音,而且我们的思想也在漫游,这多亏我们被禁锢在体内的无声的声音,多亏我们的内在的语言,这个语言不是由完整的句子构成的语言,而是像口语一样呈碎片化的。我们神游的时候,追随着个体的联想;当我们阅读一个快乐的文本,它令我们从书本上

---

[1] 巴特,《文本的愉悦》,p.67(p.105)。
[2] 巴特,《风格及其形象》,《语言的窸窣》,p.96(p.147)。

抬起眼帘想起别的事情时,我们也会产生联想,这二者间没有多大区别。一个人可以在自己说话的同时与另一个正在说话的人进行对话,这样,在一个人要开口讲话的那一刻,就创造出了一个条件将交谈变成了演讲,变成了洪亮的嗓音。这就是埃米尔·邦弗尼斯特所说的我和你之间的游戏①:这些代词是话语例子,不是明确的实体和完全的主语。我们知道巴特对邦弗尼斯特有多么着迷,正是因为他成功地将"主体(从 subject 一词的哲学意义上来讲的)置于语言大类别的中心位置,在处于极端多元现象的情况时[在印欧语动词的中间音中,在人称代词的结构中,在法语动词时态系统中],这显示出与现实事例的不同,这个主体绝不可能与'一个话语实例'区分开来"。② 这也就是说,邦弗尼斯特建立了语言与主体之间的身份。

对抗语言就意味着要探究所有的可能性,并且用写作去排斥索绪尔语言学的基础。那么,就不会再有一个主动的主语与被动的主语,它们一个说,一个听;也不会再有一个成文的对话,而是一个有声的戏剧,就像恋人话语中的一个片段一样。在一个说我的人与一个说你的人之间也不再有一个精确的区分,因为随着它们被口口相传,我和你都可能像手套一样被由里向外

① 见邦弗尼斯特,《代词的性质》(La Nature des pronoms)及《语言中的主观性》(De la subjectivité dans le langage),《普通语言学问题》Ⅰ (Problèmes de linguistque générale Ⅰ):251—257,258—276。

② 巴特,《我为什么喜欢邦弗尼斯特》(Why I Love Benveniste),《语言的窸窣》,p. 164(p. 193)。

翻过个来。相反,人称代词却会有一种引人注目的同时性,即在《罗兰·巴特自述》中,单数的第一、第三人称,以及首写字母 R. B. 被同时使用的方式,有时甚至在同一个片段里被同时使用。或许,他者的声音为了以后被作家的声音恢复,也会被吸收,就像米什莱的情况一样。

对抗语言意味着戏剧不是作为身体的表现力,而是作为身体的舞蹈艺术、作为旋律而复原。巴特在《文本的愉悦》中暗示,既然旋律的艺术已死,现今,电影可以让人明白什么是出声的写作。电影摄影技术可以就近捕获言语的声音。这让我们充分了解嘴巴的重要性。这成功地"将所指转移了一大段距离,可打个比方说,将匿名演员的身体抛进了我的耳朵"。① 在此,存在着技术自相矛盾的作用:它必须在物质性上成就身体。技术开始变得像米什莱的有声历史。二者都可以借用缺席与死亡来报道生活、生命以及现实的至关重要的特质。匿名——巴特提到的演员身体的匿名——并非暗示了抽象的普遍性,相反,它暗示了一个更大的机会去体验特性,体验具体的突发事件,那是一个短暂但快乐满满的时刻。我们当下的短暂性在巴特第一阶段的作品中是悲剧性的;但在《文本的愉悦》的阶段,它就成了快乐;而在《明室》中,巴特遭遇了亲人的去世,在分析时间与死亡之间令人绝望的关联时,它将作为一个痛苦的怀旧再次出现。

声音是与语言对抗的,语言学家虽然赋予语言以口头形态,

---

① 巴特,《文本的愉悦》,p.67(p.105)。

但它并没有一个纹理、一个声波、一个语调,在其抽象性与普遍性中缺乏特点,缺乏人、身体,以及音质的特性。而声音则像一幅摄影图片——这是技术的另一个产品——因为它是一个特别的存在插曲,而且只能通过科技复制来再现。像快乐一样,这是存在与不存在之间转瞬即逝的片刻,而且它具有会毁灭、死亡及脆弱的身体。而且,当一个人听见一个声音时,它即刻就蒸发了,只是捕捉住那飘忽不定的瞬间并将它推向过往。人们只能这样想——就像在《明室》中巴特看着去世的母亲的照片时,就像任何一个面对着一张照片的人所做的那样——这个东西一直存在,它曾经存在着,而且技术试图捕捉住它,但这个东西绝不会复制自己,绝不会再次出现了。声音与摄影既暗示着存在,又暗示着不存在,因而,暗示着现实的存在,或者更好一些,它曾经存在过,因为就像快乐一样,具体的东西也是短暂的,要么将被时间收走,空留下一个巨大的虚无,要么就像霍夫曼斯塔尔的游子所见到的物体那样,被凝固在现实当中,而这个现实既不透明,又空洞无内涵,因而是不真实的。另一方面,具体的事物也可以是一种表现,并且在影像的微妙的空间中找到自己的现实,在照片纸以及书页中,写作——虽说有一整套法国先锋派的写作史诗——确实表现、并记录下声音与身体,就像巴特那些关于快乐的记录一样,就像米什莱的历史做的那样。

如我在本章开始时已经回顾,德里达认为,自柏拉图以来,声音是西方思想的主要证据,这是基于逻各斯的中心地位而得出的。声音总是与在场相联系,而写作一直被限于不过是一个记录者的角色。德里达的《论文字学》对声音与在场的主要结构提出一个深刻的质疑，与此同时指出被声音与在场所压制的东西的首要重要性：写作，那个不在场的写作，是任何在场之前的蛛丝马迹。巴特，虽然一直致力于写作的研究，但并不属于这一思潮。他处于一个独特的位置，既不处于以理性为中心的溪流中，也不处于与逻各斯唱对台戏的文字学。巴特并不为了一个理论或者一个概念体系而战斗。在《写作的零度》与《米什莱》中已经是如此，在《罗兰·巴特自述》出版之前，在莱弗斯所谓的"许多体系的理论破产"之前，这主要是马克思的，萨特的、以及索绪尔的。[①] 罗杰认为所谓的"最后的巴特"并不回顾他自己的过往，因为自从他青年时代开始写希腊悲剧以来，"这样的过往总是伴随着他的工作"。[②] 德里达的声音逻各斯是抽象、绝对、不明确的；它所采用的历史与具体的形式只是一股独特力量以及一个普遍的哲学幻想的意外事件。对巴特而言，声音是某个人的声音——即便这个人不是现实中一个确定的人，因为严格的现实总是少得可怜、令人沮丧，而且是非艺术的。巴特追随着意象，和一些小而具体的事件，它们就像是《追忆似水年华》中的一些事件，虽然是小事，但充满浓情厚意。他仔细地研究他无意中发现的那个意象，并坚持不懈地分析它，似乎它是一个放大镜一样。《写作的零度》将作家独自一人面对一张白纸时产生的具

---

① 莱弗斯，《罗兰·巴特》，p. 206。
② 罗杰，《罗兰·巴特》，p. 339。

体意象转换成了学术词语,就像在《明室》中巴特通过研究母亲小时候的一张具体的照片来研究摄影的整体效果一样。一个具体的事件、一个特别的意象都会吸引巴特去思索,吸引他从普通视角来讨论。即便他是一个理论家并且也一直被人认为是理论家,他的分析常常始于一个非常小而具体的细节,诸如一个场景、一个图像、一次回忆。从《罗兰·巴特自述》中引用一些片段已经足矣,尤其是那些被称作是"回忆"的片段,或者是《偶遇琐事》中的一些篇章,借此可以了解巴特对混杂着记忆的书法描述的爱好。他可以回想起"加了白糖的冷牛奶"的味道,①或者是拉巴特②的一家餐馆,或者是"某个火车站附近的艾哈迈德"的粘着污渍的套衫。③ 对细节的喜好正是我所称的巴特的"文学小短文"的写作基础,也是他从《私密日记》中获得快乐的基础,在纪德的那一行:"纪德是我最初的语言,我原汁原味的汤,我的文学汤"④中可见一斑。

巴特并未像莱弗斯建议的那样改变研究的主题⑤:如果爱与童年的悲伤,或者乡下生活的场景比起作家的痛苦或者米什莱的头痛来说,似乎是更加亲密的、更贪图享乐的主题,巴特的研究方式看似基于放大化分析的基础上,这种方法采用不同体

---

① 巴特,《罗兰·巴特自述》,p.107(p.111)。

② 拉巴特:摩洛哥首都。——译注

③ 巴特,《偶遇琐事》(*Incidents*),p.35。

④ 巴特,《罗兰·巴特自述》,p.99(p.103)。罗杰坚持认为巴特身上具有纪德式的成分,见《罗兰·巴特》,pp.16,314—317。

⑤ 莱弗斯,《罗兰·巴特》,p.208。

系的术语,诸如马克思主义的、索绪尔语言学的,或者心理分析的,将一次经历或者一个现象的所有要素细致地组织起来。因此,巴特并不认为文本的愉悦是一个哲学论据,论证了西方形而上学的一个整体的解构;对他而言,更重要的是,为了阅读中那深刻的快乐时刻,为了试图抓住人类声音中那短暂的相容性,要指出对那个匿名演员的身体的那种无以言表的感觉。对巴特以及对米什莱而言,声音并不与存在的完整性对应,而是与身体的痕迹、与其神秘的存在对应,这是一个失落的现实的令人不安的标记,我们一旦试图去表现它,就立即会失去它。德里达将这个痕迹——与写作或者与能指对应的——视为在一个永恒的、纯粹的本体论中受压制的力量,这与马拉美的话语相似。时间,或者历史,不过是对这种力量的否认的大量累积而已。对巴特而言,痕迹就是已发生过的某个事件的具体意象,而且它还携带着时间的效果,即超越并吞噬着真实的人物与事件的效果。事件过后就不再存在了,只是给我们留下一丁点儿支离破碎的身体,这就是意象。蒸发的现实可以是人的声音,或者是愉悦的盛宴,或者就是一个人完整的存在。该意象回馈我们一个对那个现实苍白的描绘,对应了我们要保留事情、人们,与事件的徒劳无功的努力。正如我将在第三章中所争辩的,描绘驱除了生活的损失。巴特发现自己更多是处于波德莱尔的,而非德里达的立场上,前者在思考着《致一位过路的女子》诗歌中那个路人的短暂美景,而后者则在批评《语音》里的形而上学,以及整个表现观念。巴特没有过多关注表现的意识形态的一面,而是察觉到它

95

的感官特性以及怀旧的本质。出于这个原因,他在《文本的愉悦》中区分了**外形**与**表现**。外形是"色情之身在文本描述中出现的方式(不论它是以何种形式、何种程度出现)",而表现则是"尴尬的外形,它为欲望意义之外的其他意义所拖累"。[①] 但我们只能简单地谈论好的表现与坏的表现,好的表现能够打动我们,让我们对某个人或事物产生渴望之情。

因此,我们见证了某个令人不安的事情:这位源于马克思主义的符号学家,为了去除由历史以及语言的异化能力强加给物体的意义硬壳,而去分析它们,却发现自己面对的是一个无声的现实。他开始想要它说话,想用一套术语来控制住它——尽管这就像愉悦/享乐这一对术语,是不确定的、危险的,而且是可逆的——这些术语却是一个话语碎片,而非一个哭哭啼啼的文本,一个"据说可能会喋喋不休的"文本,而且是以一个幼儿断断续续的语言所做的文本,一个无法为巴特所容忍的文本的原型。[②] 在此,巴特被类似于怀旧的东西所打动,这是热奈特所讨论的那个神话学家的怀旧。他被感动进而为木质玩具的消失感到遗憾,"凭它的坚固与柔软,摸起来那种自然的热度,它就是一个理想的玩具材料"。[③] 他对过往的、不复存在的事物的依恋是巨大的。面对失落,为了让那些无法再说话的事物再次存在,除了命

---

① 巴特,《文本的愉悦》,pp. 55—56(pp. 88—89)。
② 同上,p. 4(p. 11)。
③ 巴特,《神话学》,p. 64 为热奈特引用,《符号的背面》,《修辞 I》,p. 201。

名，没有其他方式能让身体复生——这正是米什莱试图对历史所做的事情，以及小说家所做的。

疲　倦

生存已然痛苦，除此还要忍受强加于我的、非常人能忍受的生活负担，我不堪重负。

——马塞尔·普鲁斯特

"所有这一切应被当作似乎是一个小说人物说过的话"：这句话被写在《罗兰·巴特自述》的封面内侧，这是一个类型不确定的文本。巴特在详细论述了文本的多元性以及各个语言的愉快共栖后创造了这个文本。他的作品具有一种内在的连贯，他的思想及主题借此以一个特别的形式或再次结合，或分崩离析，即片段的形式。这种形式源于格言警句的影响。格言属于法国传统，拉罗什富科①就是一个例子，在 1961 年，巴特为他的《人性箴言》写下序言。而警句则是尼采的形式，其影响在《文本的愉悦》中是显而易见的。警句也是波德莱尔的反思形式，如在《袒露心扉》与《迸发》中。但巴特的一个基本思想导致了《写作

①　弗朗索瓦·德·拉罗什富科(1613—1680)，法国公爵，又称马西亚克亲王，17 世纪法国古典作家。他把沙龙游戏中的机智问答作为箴言记录下来，成为一部庞杂的著作。——译注

的零度》中的深思,该思想认为现代写作成功地将诗歌与小说类型与批评融合在一起:这就是从马拉美到普鲁斯特、乔伊斯,以及穆西尔以来,现代性的伟大文学经历的状态。对巴特而言,还有什么比有机会为自己的作品写一篇评论文章更有趣呢? 这是他为塞伊出版社的同一作品集而写,他还在该社出版了《米什莱》。这是一个绝佳的机会来以片段形式上演一部评论性自传,一部汇集个人照片、语言的各种修辞以及思想于一体的自传。在这样一部作品中,评论家的自我将会在形象的游戏中认出自己,接着又失去自己;这是一个话语与反讽防御,以及写作中的尼采式的化装舞会,在其中所有的意识形态都得以爆发,包括马克思主义的、弗洛伊德—拉康主义的,以及各个先锋派意识形态(归类于《原样》派)。

在《罗兰·巴特自述》中,"风格"与"写作"这两个术语最终彼此重合。这正好发生在巴特厌倦了符号学、厌倦了文本、拉康主义的正统说教,以及巴黎所有的学术现象的时候。这是"一个隐隐折磨人的时刻,'当一人独处的时候',他又退缩回那些次要的事情,那些旧物当中"。① 那么,当身体处于所有语言及系统以外时,这是一个身体的时刻,一个无法无天的时刻,它被禁锢于作家身体内那个秘密之所,即巴特在《写作的零度》中说到的风格。这样反社会的、沉默的秘密被尘封于作家的体内,与物质的中性相像,即布朗肖提到过的中性名词或者中立者:"单数的

---

① 巴特,《罗兰·巴特自述》,p.102(p.106)。

中性名词为某个被忘记命名的事物命名……我们只是简单粗暴地称之为东西。东西，因为……东西是最为我们所熟悉的，因为我们就住在充满东西的环境里，尽管它们并不透明。"①中性名词是为语言所排斥的一种形式——或者，至少是被一些语言——而且恰恰暗示了东西及东西的物质性。甚至愉悦也有种中性的要素在其中，它逃避了右翼神话高举愉悦的大旗反对理智，而左翼神话却认为愉悦是右翼的想法，有快乐主义的嫌疑，为那些既不效忠又不激进的人所赞许。愉悦"是一个趋势，某个既革命的又不合群的东西，任何一个集体、心态，以及个人习语都无法接收它。某个*中性名词*？"②

我无意提出一个巴特思想发展的年代表，将其经历划分为上世纪 50 年代，作为存在主义的巴特，接着是第二个时期作为符号学家的巴特，直到 1975 年《罗兰·巴特自述》出版，然后是第三个时期，1975 年以后的作家巴特。我只想凸显出巴特拒绝所有体系，并回归他过去的写作姿态，这不但包括他过去的作品和主题，还包括他作为一个作家的个人经历。那个预先到来的写作的实质可以在他将风格成当作身体的构想中发现，他在《写作的零度》中对此进行了陈述。人的过往存在于回忆中。

在《恋人絮语》中，巴特写道："在我读过的所有爱情故事中，

---

① 布朗肖，《彼世的脚步》(*Le Pas au—delà*)，p.102。
② 巴特，《文本的愉悦》，p.23(p.39)。

还没有一个人物曾经感觉疲惫。我得等到布朗肖来找到某个人告诉我什么是疲倦。"①自相矛盾的是，一个人会厌倦自己的所爱，厌倦爱本身以及语言。疲惫是欲望的幽灵：一个人厌倦了他的所求，厌倦了渴求。语言，就像爱情一样，在欲望的刺激与疲惫间摇摆不定。语言疲惫的有形形式是刻板印象，这在《罗兰·巴特自述》中被定义为是开始厌倦的东西——其解药就是新鲜的语言，这已在《写作的零度》中宣布。

巴特厌倦了马克思主义及心理分析这些强大的体系。例如，在《罗兰·巴特自述》中，"资产阶级意识形态"这个表达令他感觉老迈不堪。通过将它们固定于讨厌的意象，时间与用法侵蚀着词语以及概念。这些意象不断重复自己，并让我们感到必须重复它们。据1977年的一篇文章标题所言，"意象"可以被定义为巴特的憎恶：他发现自己跟语言及概念的刻板印象面对面，并体验到一种可怕的愚蠢："想想那一'整套的体系'（马克思主义以及心理分析），起初，它们也有对抗愚蠢的行之有效的作用：学习它们就是教育自己……但以后这些系统自己开始变得愚蠢起来。一旦它们'索取'，愚蠢就随之产生。这就是为什么它无法逃避的原因。人们想要去别的什么地方：**再见！不，谢谢！**"②人们应该意识到这不是针对系统本身的非难，而是针对这些系统的使用，或者更确切地说，是针对它们的无用。对巴特而言，

---

① 巴特，《恋人絮语》，p.116(p.133)。
② 巴特，《图像》，《语言的窠窟》，p.351(p.390)。

这种令人厌恶的现象是系统在有序的词语中,在一些琐碎的教条中的具体化。这种现象是一种知识上的寄生,这使得一个人坚持于话语:巴特提到了语言的恐吓,那些有粘性的、粘着人们的语言的恐吓,由此,激进分子成了一个寄生虫,他满足于某个特定话语、几个刻板印象。人们易于指控巴特为反动派,但人们应该记得这种态度能推动一个人持续地运用自己的智力。它能使我们避免习惯于特定的话语,鼓励我们去改变并时刻注意形式与意义的侵蚀。人们不该总是纠缠于巴特持续的转变,或者是对符号学可能的背叛,而应该坚持研究他思维中基本的忠实。改变意味着忠诚:"例如,就我曾帮助构建的符号学而言,我成了自己的腐蚀者,我走到腐蚀者的那一边去了。"[①]首先,这里有一个时间侵蚀词语,以及人们应该将语言从时间的硬壳中解救出来的思想。接下来是又一个想法,即既然文本的愉悦是各种语言共栖的结果(文本在此被看作是快乐的巴别塔),主体必须穿越多种语言——真正的尼采式的面具。之后,又有另一个思想,即语言的特权时刻在于文学,尤其是小说,因为小说是陈腐话语与司空见惯之物的上演之地。人们似乎要在"资产阶级意识形态"、"否认",或者其他被赋予过多意义的词汇或者短语的周围加上引号,但也正因如此,它们变得空洞无意义:巴特告诉我们,在小说中,人物自己充当引号。这个比较很重要,因为这解释了他在后期著作中表现出的对小说的兴趣。

---

① 巴特,《图像》,《语言的窸窣》,p.357(p.396)。

在疲惫的那一刻,他的作品的常见形式,随笔,在跟小说作比较的时候,评论家巴特遭遇了随笔受到的致命打击。随笔"注定是要为真实所碍的——注定是要被引号所妨碍的",[1]也就是说,它命中注定是要追随语言的,既不能用反讽,也不能用面具。那一刻已被巴特想要做的"小说人物"所宣告,人们可以从中瞥见小说形式的张力。不仅在句子实践中,而且这些句子构筑成小说的过程中,这几乎就像是抽象而总体化的写作思想变得可为人感知。

要从一个影射的田园诗般的评论随笔变成一部真正且真实的小说——这就是一个以追问自己文学地位来开启评论事业的人要做的工程。要进行文学创作:在上世纪 80 年代,这似乎是一个目睹了各种理论的诞生与消解的人的答案。巴特从未写过小说,但他在 1978 年初的时候就宣布了他要进行小说创作的需要与打算。无论如何,文学作为最终价值而出现,尤其还是以19 世纪最典型的产品——小说的形式而出现。当然,人们不能说小说对巴特总是最具重大意义,例如,在他最关注方法构建以及成立符号学的时候,就不能这样说。但是对他而言,他对符号的激情无疑是热爱文学的一种新方式。如罗杰所写,巴特"一生以来始终都是显而易见的、狂热的文学爱好者"。[2] 正如热奈特在前面所引文章中评论,文学一直处于巴特的符号学研究中的

---

① 巴特,《罗兰·巴特自述》,p.89(p.93)。
② 罗杰,《罗兰·巴特》,p.22。

核心,因为,就像任何一种表达活动一样,文学要使用符号。但是,它蕴含着意义的增殖,或者是巴特所谓的"意义的厨房";[①]它对意义连哄带骗,也就是说,它提出意义又将其束之高阁。文学是模糊不清的,虽说它是由语言组成的,但通过阻塞语言的传递性,如热奈特所指,将它变成一个含混的讯问场所,它腐化了语言自身的交流性质。简而言之,对巴特而言,如同对尚多思爵士一样,文学是一种沉默的修辞——这正是热奈特使用的典雅的矛盾修辞法以指出语言的双重特性。另一方面,随笔则是与这种沉默相对的写作形式:无论它传递的是积极的还是消极的价值,这无关紧要。无论如何,思想是浓厚的:它们变得始终如一。与时间的协议是短暂的;它很快就磨破了,不仅仅显露出了与其相关的哲学体系,还暴露出了为其提供担保的意识形态(或者反意识形态)。现在,不仅因为其内容,还因为它的术语,评论性随笔前所未有地成为一种注定过时的写作形式。这正是这位评论家所处的奇怪的境地。他的语言为历史所焚毁,但是小说却似乎从历史中获利,似乎它是一个装饰一样。而随笔却注定为真实性所累,被禁锢于历史当中,禁锢于它所书写的一个历史时期的文化建筑中;小说将历史特征表现为一种装饰,或者将历史戏剧化,将它用作化妆品。

热奈特认为,文学是个"语义逃避",让"世界得以喘息,同时将其从社会压力中解放出来,这是一个被指定的意义,因而也是

---

① 巴特,《今日的文学》(Literature Today),《批评文集》,p. 154(p. 157)。

一个废弃的意义"。① 在这种情形下,巴特情境下的所有戏剧以及作家的戏剧存在于一个分隔空间中,它将"所有意义无不是被指定的"这句话与"俄耳甫斯从地狱中重返人间"的文学视野区分开来:"人们可以说,文学是从地狱返回人间的俄耳甫斯;只要文学还在大步向前迈进,并意识到它在引领某个人,它身后的现实正被它逐渐带出那个无名的社会——这个现实呼吸着、走着、活着,朝着意义之光走去;然而,一旦文学转身回眸看一眼它所爱的,被留下的不过是一个被指定的意义,那是一个没有生命的意义。"②

俄耳甫斯

关于语言与写作,它们被当作是有魔力的手术、具有煽动性的巫术。

——夏尔·波德莱尔

俄耳甫斯的情形也许是巴特与布朗肖最为接近的心理状态。后者在对那个神话人物的一瞥之间就捕获了所有的模糊含混:"当俄耳甫斯下到阴曹地府来到欧律狄刻③身边时,艺术是

---

① 热奈特,《符号的背面》,《修辞 I》,p. 204。

② 巴特,《文学与意义》(Literature and Signification),《批评文集》,p. 268(p. 265)。

③ 希腊神话中俄耳甫斯的妻子,为毒蛇咬伤而中毒身亡。——译注

开启黑夜大门的力量。因为艺术的力量,黑夜欢迎他的到来。这成为初夜欢迎的亲密、理解与和谐。但是,俄耳甫斯是为了欧律狄刻才下来的:对他而言,欧律狄刻是艺术能达到的极限;她隐藏在一个名字之后,为一个面纱所遮盖,她是极其黑暗的一点,艺术、欲望、死亡、以及黑夜似乎都通向这一点。"①对布朗肖而言,俄耳甫斯的作品不在于他获得了这个极点,这是他的作品在深入地府的过程中抵达的。而在于将它"带回光天化日",并且公开赋予其"形式、修辞、以及现实"。②而那个难以逃避的法则是——那个决定了文学的不可能的法则——俄耳甫斯不能回头看,"但实际上,俄耳甫斯一直都在朝着欧律狄刻的方向转身"。③

然而,巴特与布朗肖两人之间的不同,以及他们关于作家的孤独的极为相似的说法之间的差异在于这个事实,即最终,评论性随笔,虽说像文学一样,也是由语言构成的,但它还是不同于

---

① 布朗肖,《俄耳甫斯的凝视》(Gaze of Orpheus),《〈俄耳甫斯的凝视〉及其他文学随笔》("*The Gaze of Orpheus" and Other Literary Essays*),p. 99(《俄耳甫斯的凝视》(Le Regard d'Orphée),《文学空间》,p. 227)。关于布朗肖作品中的俄耳甫斯主题,见乔瓦尼·瓦蒂莫,《文学的死亡本质》(L'essenza mortale della letteratura),《西格玛》(*Sigma*)16,1983 年:61—66。参见希奥尔希奥·帕特里齐,《布朗肖,还是文学的意志》(Blanchot o la volontà di letteratura),《演讲》(*Lectures*)10,1982 年 6 月:129—142。关于巴特,罗兰·A·尚帕涅,《在俄耳甫斯与欧律狄刻之间:巴特与阅读的历史性》(Between Orpheus and Eurydice: Barthes and Historicity of Reading),《克里奥》(*Clio*)7,1978—1979 年:229—238。

② 布朗肖,《俄耳甫斯的凝视》,《〈俄耳甫斯的凝视〉及其他文学随笔》,p. 99(《俄耳甫斯的凝视》,《文学空间》,p. 227)。

③ 同上。

文学。巴特依旧是一个随笔作家,尽管随笔在他手中爆发,尤其是在《罗兰·巴特自述》《文本的愉悦》,以及《恋人絮语》中,这三部作品都让人回想起法国——以及格言的理性主义传统与反思。谈到《罗兰·巴特自述》中的格言,他发现"一种格言似的基调在他的书中游荡",他还发现格言是"一种句子名字",而且"与古典的意识形态有关联"。[1] 巴特将小说视为一个理想,是他的作品最终致力于达到的一种理想形式以及理想的心态。他将小说的形式看作是一个对话,是他 1978 年在法兰西学院的演讲《很久以来,我早早就上床了》中所称的他的新生命——《新生》,而这是他永远也无法企及的。他去世后于 1987 年出版 的《偶遇琐记》并不是他放在抽屉里的一本小说,而是我前文说过的一本私密日记,一个片段集,其语气与《罗兰·巴特自述》中的回忆片段,或者是 1979 年发表于《原样》(现收录于《语言的窸窣》)中的《沉思》的语气如出一辙。如他在自己的批评性自传中讨论他对片段的喜好时写道:"我是通过添加来继续的,而不是通过梗概;我先前就喜好细节、片段、情感的迸发,却没有能力将其扩展成一篇'作文'"。[2] 而与此同时,布朗肖,既能写随笔,也能写小说,却越发倾向于一种精确的思想体系,这几乎是一种哲学或者

---

① 巴特,《罗兰·巴特自述》,p. 179(p. 181)。巴特为拉罗什富科《人性的箴言》(La Rochefoucauld: Reflections or Sentrnces and Maximes)撰写序言,《新批评文集》(*New Critical Essays*),pp. 3—22(《写作的零度》收录于《新批评文集》(" *Le Degré zéro de l'écriture" suivi des " Nouveaux Essais critiques* "),pp. 69—88)。

② 同上,p. 94(p. 97)。

是一种被动的奥秘,一种疯狂的极限激发的灵感的奥秘。对布朗肖最有影响的传统首先是德国人(荷尔德林以及海德格尔[①])以及犹太人(尤其是卡夫卡及伊曼纽尔·列维纳斯的哲学)。布朗肖将艺术作品理解为对诗歌及其诗意本质的暴力且完全的侵入:他引用里尔克的话,谈到艺术作品一个与生俱来的危险,并且还认为"诗人属于诗歌"。写作意味着去冒险,而"艺术作品是与风险相关联的,这是对一次极端经历的肯定"。[②] 艺术作品只能令艺术家"发疯":米开朗基罗[③]逐渐变得越发受折磨,戈雅[④]变得更疯狂,而内瓦尔[⑤]则更郁郁寡欢。荷尔德林死的时候倒还有一定的自制,[⑥]但尼采却不知不觉陷入疯狂。对布朗肖而言,某个东西甚至比艺术作品还要重要,这是更重要的礼物,这就是作品自身的损失:"作品是俄耳甫斯的一切,是除了那渴望

---

① 马丁·海德格尔(1889—1976),德国哲学家,20世纪存在主义哲学的创始人和主要代表之一。——译注

② 布朗肖,《独特的经历》(The Original Experience),《文学空间》,p. 236 (p. 320)。

③ 米开朗基罗·博那罗蒂(1475—1564),意大利文艺复兴时期伟大的绘画家、雕塑家、建筑师和诗人,文艺复兴时期雕塑艺术最高峰的代表。与拉斐尔和达·芬奇并称为"文艺复兴后三杰"。——译注

④ 弗朗西斯科·何塞·德·戈雅-卢西恩特斯(1746—1828),西班牙浪漫主义画派画家。——译注

⑤ 热拉尔·德·内瓦尔(1808—1855),法国19世纪浪漫主义诗人。——译注

⑥ 布朗肖,《完美的疯狂》(La Folie par excellence),雅斯佩斯,《斯特林堡与梵·高,荷尔德林与斯韦登伯格》(Strindberg et Van Gogh, Hölderlin et Swedenborg)的序言,pp. 9—33。

已久的凝视以外的一切,而作品就失落于这凝视中,因此,同样还是在这凝视中,作品才能超越自身,与其起源团聚,使自己扎根于不可能中。"①简而言之,布朗肖找遍文学来搜寻一个虚无的、完全不在场的、无穷的、无法表现的、永恒的想法。"去写作就是让自己屈服于时间不在场的魔力……时间不在场的时间没有当下、没有存在。可是,这个'没有当下'并不是指过去。"②布朗肖指出,文学是沉默,不能沉沦为语言;然而,巴特要更加**现实**,更传统,他是一个人文主义者而非神秘主义者。当然,巴特惧怕充实完满,这对他而言是"一个糟糕的形式";这是重复及刻板印象,令意识形态安下心来。但是在《漫谈》一文中,他警告我们不要将虚无想成是"一种不存在的形式(身体的、事物的、情感的、话语的不存在,等等:虚无)"。③ 他所考虑的写作的作品"既不在于交流的改善,也不在于作品的解构,而在于其精工细雕:这或多或少(极吝啬地)正是造就经典写作的东西"。④ 今天,人们不用试图去颠覆语言符号,或者打破句法,而是应该试着戴上"清晰的面具,去夸张地演绎它,或者确切地说,去模仿它。"⑤这个幻影、意象可以是积极愉悦的,给人以快乐,因为它是美丽的,

---

① 布朗肖,《俄耳甫斯的凝视》,《〈俄耳甫斯的凝视〉及其他文学随笔》,p. 102(《俄耳甫斯的凝视》,《文学空间》,p. 232)。

② 布朗肖,《根本的孤独》(The Essential Solitude),《〈俄耳甫斯的凝视〉及其他文学随笔,pp. 72—73(《俄耳甫斯的凝视》,《文学空间》,p. 22)。

③ 巴特,《漫谈》(Digressions),《语言的震颤:批评文集Ⅳ》(*Le Bruissement de la langue : Essais critiques*),p. 85。

④ 同上,p. 86。

⑤ 同上。

在我看来是美丽的,并非因为它是为社会或者时尚所接受的。巴特完全是站在物质的一面,而布朗肖却为非物质所吸引——我们将会看到,对巴特而言,身体的缺失如何是最终的苦难,以及苦难的知识。

对布朗肖而言,艺术是"极其严肃的",而且"不允许去误导人们"。[1] 可是,对巴特而言,艺术是波德莱尔式的、虚伪的游戏与模仿:这是虚构丰富而令人炫目的意义——这并非将悲剧排除在外,只是讥讽地对待它,降低了它的分量。巴特的最终提议是虚构、小说,或者散文中的片段——虽说它们的意象毫无关联,但这依然如散文诗一样是连贯的。如罗杰指出的那样,他对小说的渴望处于歇斯底里的边缘,近乎于在热烈地想象某个并不存在的事物。[2] 然而,布朗肖提议的却是诗歌——即便诗歌与散文之间的差别是流动的。人类经历的最高层次是诗歌,诗意的词语永不停歇地在犯错,这正像是布朗肖在阅读的先知预言。[3] 我要说的是,在巴特对文学与艺术的欣赏中有快乐主义的一面,而快乐主义却与布朗肖毫无瓜葛,他甚至在谈到"审美愉悦中的琐碎的快乐"[4]时,对此加以谴责。当然,巴特与布朗肖之间有很多共同点,而且巴特自己在他人生的最后几年,也就

---

① 布朗肖,《恶魔的失败:天命》(L'Échec du demon:La Vocation),《未来之书》,p. 123。

② 罗杰,《罗兰·巴特》,p. 30。

③ 布朗肖,《先知的话语》(La Parole prophétique),《未来之书》,p. 118。

④ 布朗肖,《艺术的未来与问题》(L'Avenir et la question de l'art),《文学空间》,p. 288。

是在他痴迷于小说的那几年,曾提到天命与预言。在这两位法国作家之间有着不同经历,类似于布朗肖所见到的马拉美与里尔克之间的不同,他们俩人在对诗歌的理解上却如此相似。他们都认为诗歌与死亡和不在场有关。但布朗肖发现,他们二人之间存在我所谓的色彩气质上的不同。里尔克永不停歇地"在一个无声、静止、无尽的坠落中,朝中心跌落",而马拉美却在它突如其来的闪耀中毁灭生灵,将其停留在"那一刻令人炫目的活力当中",这使得不存在变得显而易见,似乎它是"无可辩驳的存在"。① 换言之,里尔克赞美无形,而马拉美却将无形变成有形,即便这仅仅是在一瞬间——这是身体的瞬间,一个残忍的阐明。

俳句诗②清晰易懂,这是从他的《符号帝国》在日本开始发行起,为巴特青睐的一种片段形式;它具有一种瞬间的、突然的光芒,与散文诗相似,是一种超然而强烈的,并且是可见的意象——恋人话语的修辞如果不是意象的话,那又是什么?据布朗肖所言,文学深深地参与到无形世界中,它快速地接近无形世界,接近那个俄耳甫斯无法面对面地看,却又想见的东西。然而,对巴特而言,文学参与的是一个可见且有形的世界。如他在《罗兰·巴特自述》中所言,他的问题在于将语言看成是一个真实的身体,这是文学最初、也是最后的基础。事实上,根据古典

---

① 布朗肖,《里尔克及死亡的要求》(Rilke and Death's Demand),《文学空间》,p. 158(pp. 209—210)。

② 日本的一种形式警句式诗歌形式,一种十七音节三行短诗。——译注

法则清晰、典雅、简洁及优雅的要求,这个对俳句诗着迷的人的深切渴望变成了文学的好消息。俳句诗是一个非符号,一个无意义的碎片,完全是一个意义的缺失。它是被当作景观、图片和意象来展示的符号,因而富于简洁,意味深长(或者如热奈特所言,是战栗的,颤抖的,而且动摇的)。因为对巴特而言,有好与坏两种意象。坏意象就是刻板印象,它将我们带回社会,让我们固定下来,并认出了我们;而好意象则以修辞的形式出现,或者是一系列的修辞。

对巴特而言,想象世界是一个有魔力的词语,它充满了个人与文化的记忆:童年与青年的形象,就像《罗兰·巴特自述》中的照片一样,这是在萨特、巴什拉、拉康中发现的想象世界,在这个世界中,形式如波涛一般前行——身体的形式、自我的形式、人们阅读、渴望以及书写的短语的形式、还有生存现实的形式。当想象世界暗示出固定依附于一个意象时,它就是一个负面价值。当它是一个来来往往的意象领域,像一个在变幻莫测的舞蹈编排中跳舞的舞者时,它才是积极的价值。因此,人们不能期待巴特能忠实于拉康式的想象,虽然他经常提到它。他总是将拉康的概念稍加变形,甚至在《S/Z》中也是如此。他将其插入他的学术研究中,就像挂毯中的装饰图案一样,像詹姆斯①的短篇小说《地毯上的图案》里描述的图案一样,这是一个既明显又不易察觉的文学秘密,若要试图去一劳永逸地识别,并将此秘密分离

---

① 此处指美国 19 世纪小说家和文学理论家亨利·詹姆斯。——译注

出来会是一个愚蠢之举。

当然,巴特对自我与形象之间的关联很感兴趣。拉康式的想象世界中最卓越的时刻就是"镜像期":远在一个婴孩能在语言中识别自我之前,远在能使用语言之前,它就能够认得自己在镜子中的影像。① (然而,当一个动物看见自己在镜子里的影像时,它还以为是见着了另一个同类。)因而,人类从生命的初期就已经了解了虚构与想象的替身带来的乐趣。虽说这个婴孩还不会说话,还不会说"我",它已经被语言的象征顺序所吸引,因为它能认出镜子里的自己就显示出它将来能够将自己与那个假想的、语言的"我"等同起来。但巴特并不想去证实一个正统教义,去关注拉康的数学型以及概念;无论它们有多么不系统,它们都已形成一个体系化的学科——心理分析。

巴特表现的就像是起源于萨特的优秀的现象学家,他用自己来衡量所有一切,也就是说,用他自己的写作来衡量,而且他还赋予精神对象或者是理论概念、实体对象或者现实形式以同样的认知价值。但最重要的是,就想象世界而言,他将自己置于波德莱尔的位置上,而且他自己本可以说出这样的话来,这句话出现在《我的袒露的心》中:"赞美意象的崇拜(我巨大的、唯一的,而且原始的激情)。"巴特没有像布朗肖一样去寻求意象的象征性的一面,而是去寻求它们视觉的丰富以及千变万化的幻景,

---

① 见拉康,《我的功能的形成之镜像阶段》(Le Stade du miroir comme formateur de la fonction du je),《拉康文集》(*Écrits*),pp. 93—100。

似乎它们是变奏曲一样。因而,当说起语言以及最卓越的象征秩序的时候,巴特从不寻找它的基本的、无所不在的结构——这样会将他置于卡夫卡的位置,或者建议他用像布朗肖在《以火之名》中使用的那类片段,在其中词语被面朝天翻转过来,又在其自己的意义或词源上卷起。相反,他总是寻求意象——不论是乏味的还是令人愉快的、新鲜的还是老套的意象——这是一个词语的节日、一个图案的荟萃。如维科所理解的那样,这是一个意象问题,一个神话、诗歌的意象问题,这是一个米什莱的神话意象问题,如巴特自己在一篇关于米什莱的文章:《米什莱,历史与死亡》中所解释的,这是类别与身体、科学与诗歌,也就是,抽象与具体之间的张力。

拉康强调身体与欲望陷入语言的象征秩序中,或者陷入想象世界与象征世界之间的相互作用中,而且是象征一方最终胜出,巴特却厌倦了这种强调。他在寻求别的东西,诸如那种陈旧的东西、恋人的话语、对去世的母亲的敬意、那种以不屈不挠的、近乎是残酷的方式表现出来的身体:"一旦欣喜过去了,我就还原为最简主义的人生观:忍耐的人生观(真正疲倦了,自然会有这样的一面)。"[1]

学校的限制与义务令人无法忍受,就像爱与社会形象的限制与义务的一样,它们打击我们,而且与我们如影随形,陷我们于特定的行为、定义与意义中。只有一个愿望依然保留:那就

---

[1]　巴特,《恋人絮语》,p.141(p.168)。

是,沉默不语。于是,沉默就会是应对刻板印象的沉重与欺骗的唯一答案。但沉默与文学难道不是一回事吗?在他的《批评文集》的序言里,巴特认为:"写作必须与沉默携手前行;从某种意义上讲,写作就是要变得如'死一般沉寂',要变成某个连最后的遗言也被拒绝的人;从一开始,写作就是给他人提供那个最后的遗言。"①而且这个其他不仅仅是其他人的语言,一种老套的语言,一种将世界固定于编码与定义中的方式。还有什么比控制着人类交流的语言更墨守成规的呢?②可是,另一方面,也只有语言才能将我们从刻板印象中解脱出来。它既一贫如洗,又富可敌国,迫使我们不得不在其中东奔西走,就好像我们是在词语与句子的广袤舞台上跳舞的人们。

刻板印象,今天的刻板印象的解药可以在沉默中,或者在过时的事物中发现。人们必须漫步于过去中,成为游荡于废弃的、过时形式的人,这些老形式还保留着时代的印记,其中有它们所指的价值(它们也因而成为刻板印象)。当这些形象再次被采用,它们看起来已平面化,就像图像一样——图像就是真实物体的平面化,它们是实物的光与略微可触摸的形式,同样,声音是一个存在的影子,歌声飞逝而过——就属于另一个音乐时代的歌手潘泽拉而言,他在慢转密纹唱片到来之前就停止了歌唱,巴

---

① 巴特,《批评文集》,p. xi(p. 9)。
② 这种同语言因循守旧的本质的抗争也是亨利·贝尔(司汤达)的抗争。见米歇尔·克罗齐埃,《司汤达和语言》(*Stendhal et le langage*),尤其是第一、二章,pp. 11—80。

特说道,"在这歌声中,耀眼得令人心碎的东西总是易逝的"。[①]

　　巴特已经评论过巴塔伊[②]与尼采作品中的遗憾主题:"某个现在的形式被蔑视,某个过去形式被赞扬;可是这个现在与这个过去都不是历史的;它们都是根据形式上的及模糊不清的颓废派运动[③]来解读的。因而,就产生了非反革命的遗憾的可能性,或者是一种进步的遗憾。与该词被广泛接受的含义相反,颓废派运动并不被理解为一种复杂的、超文化的情况,正相反,它是被理解为一种价值的紧缩。"[④]对巴特而言,作为一个复杂且超文化的情形,与被视为是损失、与对社会指定价值的摧毁这样的负面看法相反,颓废派运动是积极意义上的校平。

　　突然之间,如巴特在他1979年在《原样》杂志上发表的日记片段中所言,他不再在意现代性。他不在意符号学,或者说,尤其是他的符号学是否既不现代,也不科学,以及它是否已进入衰退的、末日的价值历史中,这些价值已经嵌入图像之中。对于意象意义而言,对于构成刻板印象的语言来说,这是一个损失——但这是一个整平,一种为了颓废逻辑而捕捉"会消逝的事物"的

------

　　① 巴特,《音乐、声音、语言》(Music, Voice, Language),《形式的责任:音乐、艺术与表现的新批评文集》(*The Responsibility of Forms: New Critical Essays on Music, Art, and Representation*),p. 281(p. 249)。

　　② 乔治·巴塔伊(1897—1962),法国评论家、思想家、小说家。——译注

　　③ 19世纪后期法国与英国的文学运动,以追求精致的唯美主义、巧计以及不同的新感觉为特征。——译注

　　④ 巴特,《文本的结果》(Outcomes of the Text),《语言的塞窣》,p. 238(p. 271)。关于巴特身上的古典遗风,见克劳德·雷切尔,《阴影》(L'Ombre),《批评》杂志,423—424,1982年8—9月;767—774。

艺术。人们可以在这种损失中体验到真实的、伤感的、微弱的快乐,体验到已成为图像的、过去的快乐,过去就像照片中的身体被压成一种生命的表象一样被拉平。尽管摄影是一种不太为人认可的艺术,尽管它还太年轻未能产生什么成熟的美学理论,这种艺术却给人以一种无可否认的确定性:我们看到的图像是真实的,它真的存在于过去。摄影无法与对衰退、颓废的喜好分离,因为这种艺术不仅捕捉会消亡的,还捕捉已经死亡的事物,为了将它像影子一样还原。巴特对摄影的强烈爱好并非是一个符号学的痴迷,虽说摄影研究使人们理解讯息是如何传播的。对这种艺术的喜好是一种对短暂易逝事物的强烈的激情。这是一种对过时的事物的喜好,也是一种古典而且古老的喜好,如人类的苦难一般古老,如尤利西斯①在地狱中试图去徒劳地拥抱他已去世的母亲的影子时,所体会到的那种苦难。

于是,在当下这个几乎没有文学立足之地的世界,在该走向文学的时候,我们到达这一点时却已经与时代落伍并且衰微。巴特残酷的悖论是,他在法兰西学院所表达的符号学不是一个成功的学科、未来的学科、计算机科学那样的学科,而是失落、遗憾、颓废的形式:文学符号学,实际上,是一段旅程,它将我们停放在一个因缺席而自由的国度;天使与龙不再在那儿保卫它了。我们凝望的目光可以落在某些古老而可爱的东西上,它们的所

———————————

　　① 希腊神话中的男子,也是爱尔兰意识流小说家詹姆斯·乔伊斯的小说名。——译注

指是抽象、过时的，但这么做多少是出于任性妄为。这"立刻就成了一个颓废且预示的时刻，一个和缓的启示时刻，一个可能的最快乐的历史时刻"。[①]

继续写作意味着忍受；忍受对巴特而言，意味着完成一项浩大而无限的任务，这就像西西弗斯做的苦力一样，需要付出巨大的精力：先攀岩再坠落到无底深渊，将写作引导至文学符号学的另一面，甚至是文学的另一面。继续写作意味着朝一个无声且不透明的东西移动，一个没有语言的东西，且位于任何语言以外的东西，去走向真实（现实），这是一件文学永远都在孜孜以求的、不可能的事情。自相矛盾的是，尽管如此，作家还是想要写作，想要将现实变得更加现实；文学将现实变得更现实，成为一个更深刻的现实。当然，这种文学是不现实的；这不是那种描述文学，普鲁斯特认为这种艺术"毫无美感，不过是对我们眼睛所见，以及大脑所记录的东西徒劳而枯燥的复制而已"。[②]

巴特成功地将死亡的残酷现实发展成了文学的深刻现实，用普鲁斯特的话来说就是，因为作家不像"大多数人"，他们看不见，而且将来也不会看见他们真实的生活，"因为他们从不寻求清晰地揭示生活"。发光：这是《明室》中的问题，如该书法语标题用双关语"明室"所宣告的那样。那些写作的人们想要避免忘

---

① 巴特，《就职演讲》，《巴特读本》，p. 476 (p. 41)。

② 普鲁斯特，《追忆似水年华》(*Remembrance of Things Past*)，3：931 (3：895)。

记真实生活的危险。如普鲁斯特所言,他们不让过去顺其自然,"就像一个摄影暗室里堆满了无数的、依然毫无用处的底片,因为人们的才智还未能开发它们"。[①]

　　对于最后时期的巴特而言,普鲁斯特代表一个天命、一个启示。可以发现他们中有无数的联系。我们现在将返回巴特在上世纪 50 年代以及 60 年代时的立场,即对现实主义文学以及第一人称的使用的态度。从一个观点转向另一个观点,他在《就职演讲》中的宣告将有助于我们以一个新视角研究巴特对普鲁斯特,以及对随笔形式的兴趣。我们将明白第三个悖论是如何形成的:在《明室》这篇最公开的普鲁斯特式的文本中,米什莱,作为巴特对历史、死亡、以及过时的痴迷的一种比喻,又在他的过往中再次出现。

---

　　① 普鲁斯特,《追忆似水年华》,3:931(3:895)。

第三章
小说中的随笔

促使我写作的原因是多方面的,在我看来,最重要的原因也是最为隐秘的。这很可能是为了让某些东西免受死亡的侵袭。

——安德烈·纪德,《纪德日记》

真　实

仅仅是做真实的自己,呈现事物本来的样子,只不过呈现它们的原样,如果不能凭借它们、像它们一样,尽可能像它们自己一样的话,那就什么都不是。

——阿道夫·梯也尔[1]

---

[1]　路易-阿道夫·梯也尔,常被称作阿道夫·梯也尔(1797—1877),法国政治家、历史学家,奥尔良党人。曾任法兰西第三共和国首任总统。——译注

现在,我们抵达巴特事业当中最为困难的一点,他的现代感知力的突破点,没有哪一个哲学能够超越这一点。在词语与事物之间,现实与语言之间存在着霍夫曼斯塔尔所见的无底深渊,这个深渊只能勉为其难地以现代性来连接。文学处于一个特权地位,或者更确切地说,处于一个糟糕的位置,与此深渊不无关系。

巴特的航程从一个观点的陈述移向另一个似乎是矛盾的表述,但在发展的文学模式中,在其词语与意象的地形中,没有哪个句子犯有逻辑矛盾这样的错误。巴特在《文学与意义》这篇文章中写道,这段话已在上文中引用过:"文学是从地狱返回人间的俄耳甫斯;只要文学还在大步向前迈进,并意识到它在引领某个人,它身后的现实正被它逐渐带出那个无名的社会——这个现实呼吸着、走着、活着,朝着意义之光走去。"①接着,他在《就职演讲》中说道:"文学,无论它宣称自己是何种流派,都是绝对的现实主义者。"②巴特最后在《明室》中谈到悲伤的现实:"这一切都在现实的'实例'中——不再是借助于文本的详细阐述,无论是虚构的,还是诗学的文本,从根本上来说,这个文本本身是不可信的。"③

———————————

① 巴特,《文学与意义》(Literature and Signification),《批评文集》,p. 268 (p. 265)。

② 巴特,《就职演讲》,《巴特读本》,p. 463(p. 18)。

③ 巴特,《明室:摄影反思》(Camera Lucida: Reflections on Photography),p. 97 (p. 151)。

此航程的第一阶段被限制于文学的俄耳甫斯式情形,这在上一章中已经讨论过了,因为这个原因,作家就像俄耳甫斯一样,不能转身回到他的挚爱身旁,他若这样做了,就会发现自己手捧着一个死亡的意义,换言之,一个被指定的意义。这个情形是自相矛盾的,而且再一次与语言相抵制,虽然有一大堆断言说文学就是语言,虽然结构主义赋予语言以特权,它暗示现实是无声的,而文学却可以使它说话,或者说文学可以为世界注入一丝活力。另一方面,如果一个人要转向这个现实,他会发现,现实已完全被命名,里面充满了失去活力的意义,这意味着现实完全存在于语言中,但这不过是个"虚假的"语言,已被使用了无数次、都被用滥了的语言,简直到了陈词滥调的地步。

因而,事物的沉默及晦涩难懂既是文学的起点,也是它的终点,因为文学不是将语言与沉默撕裂开,而是将它与失去活力的意义、与那个被一遍一遍说了无数遍的、那个被命名了又常常被再命名的东西撕裂开。语言为了成为文学,以及避免那个讯息与语言自身的(致命的)陈词滥调,要求以原创性为必要条件。文学是一种改变它的方式,是构成不同寻常的组合的方式。人们可以从俄耳甫斯主义的视角去分析巴特对现实主义文学的几篇反思,因为它反映了俄耳甫斯的情况。

首先有一个对文学或者批评的新历史学家的想法。在1961年的一次采访中,巴特说,直到现在,"现实主义都是根据它的内容而不是技巧来定义的"。① 他从未质疑过这个思想,即文学就是复制某个事物。但我们可以把物质世界,或者是社交世界,或者文化世界称作是"现实":为了复制真实世界,人们必然一定要选择一个领域而放弃另一个。因而,现实主义是一个选择以及选择的责任。巴特依然保留着萨特的血脉。但是——在此,他是作为一个结构主义者说话——文学无非就是语言,而且,语言在成为文学之前就是一个意义系统。因此,如果一个人说他看见某物,他首先是在说,并且要选择去说:"我看见一张床,或者我看见一扇窗户,或者是一个颜色。"他是在进行选择、分类、中断这样一系列的操作过程,这些正是那些构成语言讯息或者是一个意义链的操作,对这种操作来说,指示对象——目标——没有所用的不同词语与这些词语所构成的系统之间的关系那么重要。在这些词语的关系游戏中可以发现文学,文学承载并发展着这种游戏。因而,文学是如此深刻地不真实,它甚至比一般的语言更远离指示对象。它不仅不是现实的可比拟的复制,而且"正相反,它却意识到了语言的非真实性",②如巴特在一个恼人的准则中所言,该准则力图去损害每一个现实主义的神话。他挑战人们的这个信念,即语言除了代表现实就无所作为,以及现实先于语言存在。人们必须意识到词语通过赋予事物现实来创造它们。

① 巴特,《今日的文学》(Literatur Today),《批评文集》,p.159(p.163)。
② 同上,p.160(p.164)。

人们也可以说是概念创造了事物来表达思想。拉康在提到弗洛伊德的哪儿去了/在那儿①的游戏的时候，将词语定义为是不在场产生的在场。对他而言，词语正是通过其虚无的蛛丝马迹才存在的；他想象着"是词语世界创造了事物的世界，后者起初在形成的状态中与一切事物本己的此时此地是混淆于一体的"。② 结构主义至少在其早期阶段将现实主义首尾倒置，将指示对象——物体、现实、事物——排除在外，并赋予语言或者话语以特权——不是意义，而是决定意义的方式。因而，巴特在上世纪60年代早期对福柯的《疯狂与文明》反应热烈，因为像索绪尔的语言学一样，这个历史并不关注指示对象，而是排斥词语与事物之间存在自然关系这一思想。它并未将疯狂定义为是一种物质、一种病情现实、一个医学事实，或者是一门学科的研究对象，其历史还有待人们去追溯。疯狂"**不过是这个知识本身：根据这一时期的看法，疯狂不是一种疾病，它是一个变量，也许是个异质的意义；福柯只是将疯狂当作是一种功能现实来对待：对他而言，这纯粹是由理性与非理性、观察者与被观察者所组成并结合的功能**"。③ 疯狂是基于对立基础上的话语结——就像索绪尔的音素是基于对立的功能现实一样。

---

① 弗洛伊德从他的孙子身上观察到的婴幼儿的一种将身边物品抛开到其视线以外，并从中得到快乐的冲动行为，心理学中常用它来指代《超越快乐原则》的第二章。——译注

② 拉康，《言语与语言的功能及语域》(Fonction et champ de la parole et du language)，《拉康文集》，p. 276。

③ 巴特，《选边站》(Taking Sides)，《批评文集》，p. 164(p. 168)。

就在现实主义被排斥,而文学被认为是语言非现实性的意识时,但在结构主义全面爆发之前,巴特对几个当代文学的发展表现出巨大兴趣,即所谓的新小说(曾与结构主义的新批评被联系在一起)。至于罗伯-格里耶[①],巴特提到客观文学,或者一种新的、能够消除相似错觉的现实主义。事实上,在罗伯-格里耶的小说中,物体被细致地描述,但不是像在现实主义或者自然主义小说中一样类比地描述,在后者中,每一个描述细节都包括一个隐含的判断、一个道德或者人文价值,而且描述的客体栩栩如生,令人产生多种感觉,且充满回忆与暗示。在现实主义小说中,在左拉[②]的模式里,物体是根据人,尤其是人相对于它的运动而被描述的;但在罗伯-格里耶的描述中,人文主义却消失殆尽,只留下空间。物体的特征是在这儿,在那儿,而不仅仅是有。物体不是某个事物,它就在那儿,并且以其事物特征引诱着我们:它与象征、对应、感觉、意义,统统无关:"它不过是视觉的抵抗。"[③]对霍夫曼斯塔尔的返乡游子而言,物体也同样纯粹是视觉的抵抗,在他酒店房间里,或者在城市街道上挥之不去的杂乱物体的存在,它们因为在那儿,在其侵入的空间里,而表现得富有侵略性。尚多思爵士的词语也是孤立、可怕且险恶的,它们是

---

① 罗伯-格里耶(1922—2008),法国著名"新小说派"代表作家。——译注
② 埃米尔·左拉(1840—1902),法国著名自然主义小说家和理论家,自然主义文学流派创始人与领袖。19世纪后半期法国重要的批判现实主义作家。——译注
③ 巴特,《客观文学》(Objective Literature),《批评文集》,p.14(p.30)。

一双双盯着他看的眼睛。

巴特争论道，物体富于侵略的隔离是一个过程的一部分，这是现代艺术的典型特征，就像某些充满视觉暴力的当代绘画或者电影粗暴地对待视觉一样，现代艺术在破坏我们的视觉。客观文学的写作是几何的、肤浅的（表面上），它旨在"暗杀古典的目标"。① 它从全方位探索该物体却不赋予任何一面以特权："因此，这是诗歌写作的对立面。"简而言之，客观写作排斥事物与词语之间持续不断的隐喻，以及主体穿梭于事件与意义时的旧有的心理。人们可以说多亏了它激进的客观性，这样的文学才免于陷入俄耳甫斯的境地，落得个以死亡意义告终的下场。它力图体验纯粹且完全的空间，可以处于时间以及人类主体范围以外，因而也就处于意义的生死之外。人们可以暗示罗伯-格里耶完全抵制语言，以及语言的光环，这光环总是时时出现在语言之中，无论它听起来多么没有意义。语言，甚至是最为破碎的语言，都迫使我们陷于意义中。罗伯-格里耶希望词语能像几何线条、空间的棱角一样精确，而且，如我所言，巴特将他的技巧既比作当代绘画，也比作电影制作的空间暴力。

罗伯-格里耶的客观性，或者说，字面意义，令巴特如此着迷，但它其实是一种极端的现象学态度，是存在主义文学以及荒诞的最外端极限，它极端到人们不能再像萨特以及加缪那样去谈论荒诞，因为说起它会无可避免地假定荒诞是一个意义。这

---

① 巴特，《客观文学》，《批评文集》，p. 16（p. 32）。

样的文学提供了一种感知的现象论,它完全聚焦于物体,这中断了所有主体间的关系,以及所有关于外部与内部之间密切交往的分析。它取得了绝对的外在性,空间是唯一的维度,而且是永恒的:"事件从不是关注的焦点"。[①] 此外,罗伯-格里耶的物体也不是自然的,而是技术上的:他是当代世界的小说家(上世纪50年代的)在这个世界,小说"教人们如何不再以一个忏悔者、一个内科医生,或者上帝的眼光来看世界——古典小说家中所有重要的位格——而是以一个在城市中行走的人的眼光来看,他的眼前除了面前的景观不再有其他景象,除了自己的眼睛他也不再有其他的能力"。[②] 罗伯-格里耶的一篇最著名的小说名为《窥视者》绝非偶然。布朗肖为这本小说写了篇短文,文中他坚持论述能见度的一面,以及他所谓的"空间的光芒四射的存在"。[③] 布朗肖谈到了凝视者的目光以及整个景象的无情与残酷。霍夫曼斯塔尔的游子惊恐地感受到事物的存在以及它们的视觉暴力;《窥视者》中的马弟雅思[④]则表现了一个更彻底的姿态,布朗肖将此称之为"更近似于数学般精确的、理想的描述"。[⑤] 在此,没有恐惧,没有恐怖,没有内心分析:只有一个无

---

① 巴特,《字面文学》(Literal Literature),《批评文集》,p. 55(p. 67)。
② 巴特,《客观文学》,《批评文集》,p. 24(p. 40)。
③ 布朗肖,《小说的清晰》(The Clarity of Fiction),《塞壬的歌声:文集》(The Sirens' Song : Selected Essays),p. 209("La Clarté romanesque", Le Livre à venir, p. 239)。
④ 《窥视者》中的人物,郑永慧译,译林出版社1999年。——译注
⑤ 布朗肖,《小说的清晰》,《塞壬的歌声:文集》,p. 208(p. 237)。

形的、深不可测的空间,清澈得令人炫目。

《客观文学》(1954)与《字面文学》(1955)是罗兰·巴特在上世纪50年代写的关于罗伯-格里耶的两篇文章,它们沿袭了同一方向:关注描写、关注物体,并评论了沉默的意义。这两篇文章还对比了先锋派们的新现实主义与传统的老现实主义。一定程度上,它们似乎对新派的现实主义比较满意,并未追问诸如文学、世界与万物的意义这样无法回答的问题。实际上,早期的罗伯-格里耶与巴特,及罗伯-格里耶的评论家都认为,有一个答案是可能的,那就是,没有意义,只有物体。现代世界是意义独裁专横的终结。布朗肖则说得更激进一些:"必须要时常提醒小说家,不是他们在写书,他们只不过是媒介,通过他们这些书得以显现,而且无论他们多么想保持头清醒脑,他们都正在经历着一种超越他们的体验。"[①]出于这个原因,因为这个超越力量,布朗肖发现,除了罗伯-格里耶的技艺与精于试验性小说以外,其小说的主要成就"在于无所不在的透明,这种透明就像是那种奇怪的、看不见的光一样赋予我们一些重要的梦境以现实感"。[②] 布朗肖察觉到《窥视者》试图去取消我们所称之为"本质"的意义,尽管如此,它的客观空间还是类似于"我们私下的梦魇空间"。完美的客观性抵达了神秘的梦境。因而,罗伯-格里耶具有两面性。在后面写于1962年的一篇文章中,巴特区分了一个"以事

---

① 布朗肖,《小说的清晰》,《塞壬的歌声:文集》,p.210(p.240)。
② 同上,p.211(p.243)。

物为本的",以及一个"人文主义者罗伯-格里耶"。巴特也将谈到罗伯-格里耶的理论错误,该错误在于它"仅仅是假设在语言之前,并且在其外部已有事物的存在,他认为这是文学在最终的现实主义冲动中不得不去重新发现的"。① 虽说客观文学技术上具有独创性,而且了解事物及语言的晦涩难懂,但它却不能将自己呈现为语言的非现实性的意识。罗伯-格里耶似乎并未意识到语言创造事物,因为语言就是意义。没有任何人的表现能将意义排除在外,而恰恰是在意义的悬而未决中引发了多种假设。就这样,罗伯-格里耶力图凝固于几何形式中的意义疯狂地卷土重归。评论家与读者不停地在解释《去年在马里昂巴德》②:他们问自己一些关于其意义的问题,影片中的花园、灰泥、带羽毛饰品的大衣都被各种解释所覆盖。正是在这时候,似乎一直为新小说排斥的俄耳甫斯主义才作为文学的性质而重新出现,被夹在意义的生与死之间。

然而,现实主义的问题并非仅为文学所特有。不仅是现实主义文学,历史话语也是基于此观点而建立的,即指示物(物体或者事实)是外在于话语的,"而在此话语之外,指示物是不可能接触到它的"。③ 自从 19 世纪以来,历史话语也表现出这个问

---

① 巴特,《关于罗伯-格里耶的最后一句话?》(The Last Word on Robbe-Grillet?),《批评文集》,p. 203(p. 204)。

② 法国经典黑白电影。——译注

③ 巴特,《历史的话语》(Discourse of History),《语言的窸窣》,p. 138(p. 164)。

题。因此,分析现实在话语中具有的特权地位就变得很有必要了。我们只能将指示误觉等同于现实效果以便去除其神话色彩:"历史话语并不追随真实情况,而只是去表示它,不断地重复这个已发生过的事情,但这个断言却什么都不是,只是所有历史叙述的错误所指的一面。"①巴特在 1968 年写道,现实的这个分析应该能够"以激进的方式挑战古老的表现美学"。② 他的话语是 60 年代史诗的一部分,是政治与符号学希望的一部分:去解放符号。这应该既终结了平衡于能指与所指关系中的符号,也终结了在能指、所指之间失衡而倾向于能指的符号,与新的、现代的、先锋派的符号概念相对应。正如疯狂的历史只能由疯人来书写才能是真实的一样:"但那样的话,这就不是依据历史来写的了,结果我们只剩下不可抑制的、坏的知识信念。"③每一个思想、每一个关于话语的话语、每一个元语言的不幸在于那个元语言总是个恐怖分子,正如巴特写道,这表达了一个令人不安的观点。尤其是对于那些意识到在语言—客体以及元语言之间作出逻辑上的区分对于现代语言是何等重要的人来说,以及对那些知道自福楼拜以来,现代文学能够认识到自己只是替身已变

---

① 巴特,《历史的话语》,《语言的窸窣》,p. 139(p. 165)。

② 巴特,《现实效果》(The Reality Effect),《语言的窸窣》,p. 148(p. 174)。关于现实效果及现实主义文学超越巴特那种界于原因(具有典型现实主义特征的话语)与目的(话语本身的要求)的、概括式的视野范围,见米歇尔·克鲁泽,《莫泊桑的修辞》(Une Rhétorique de Maupassant),《法国文学史杂志》(Revue d'histoire littéraire de la France 2 March-April 1980):233—261。

③ 巴特,《选边站》,《批评文集》,p. 170(p. 174)。

得极其重要的人来说，"在同一时间里，物体与对该物体的仔细审查、话语以及关于该话语的话语、文学——客体以及关于该词语的元文学同时并存"。①

言语弄脏了人们的双手："这是一个无尽的逻辑论证，对那些头脑中天生有足够理性或者权力的人来说，它似乎是强词夺理，而其他人却将要戏剧性地，或者仁慈地、或者坚忍不拔地体验它。无论如何，他们都知道那种困惑，那种话语的眩晕，福柯曾阐明得如此透彻，这种眩晕不仅在与疯狂一接触时就会出现，而且事实上，每一次那个人在远远地观察世界的不同时，也就是说，在他写作的时候，它就会出现。"②写作变成了一种观看世界的行为，似乎它不是世界一样。但如果不是语言自身，它又能是什么呢？这个东西与现实如此不同。

巴特关于福柯的文章要追溯到1961年。但尽管他对由福柯引发的新历史满怀热情，但他对于写作模糊性以及现实与语言之间巨大的鸿沟的认识已近似于1978年《就职演讲》中的悲观。早先引用过的那句话"文学，无论它以何种流派之名表态，都是绝对的现实主义者"似乎是这句话，"文学，是语言非现实性的意识"的对照，只要人们将这后一句话语孤立开来，不要将其与巴特同一时期的其他论述放在一起理解，当时他正陷入写作

---

① 巴特，《文学与元语言》(Literature and Metalanguage)，《批评文集》，p. 99 (p. 106)。

② 巴特，《选边站》，《批评文集》，p. 170 (p. 174)。

的悖论,以及作家意识的摇摆中,因此,我不接受对巴特一成不变的解读,在这种方式看来,巴特的思想从未改变过,但我也拒绝对他的黑格尔式的解读。我的解决方法是,根据身份与差异的双重语域,结合这两种解读,这看似是一个矛盾的态度。令人费解的时间语域就是这样的,它借助我们的身体来移动,但既给我们展现出来它总是一成不变的,又显示出它总是在变化的。一个人在看自己的照片时会有相同的体验:这就是巴特看到自己童年照片时的体验:一种认出与否认的令人不安的结合。这种双重解读从一开始就使人们能在巴特身上辨别出危机或者是疲惫的迹象。在此又可以将巴特置于霍夫曼斯塔尔的位置来看:在他青少年时期以洛里斯这个笔名署名的一首诗歌中,人们已经能察觉出语言的下流,并品读出沉默的主题,该主题在后来的《尚多思爵士》一书中爆发。①

巴特曾在其《就职演讲》中讨论过的、所有文学都具有的现实主义特点,使文学亟不可待地去谈论世界,因为它深知自己与世界不同,因为现实是多维度的秩序,而语言却是一维度的。在这两种秩序中,没有与其相似的对比物,但我们表现得就像情况并非如此,要么是因为我们就像阿道夫·梯也尔,或者是普通的历史学家一样,认为语言能够复制现实(那么我们又将陷于指称性幻觉中),要么是因为我们像拉康一样,将真实定义为不可能

①   这是由马西莫·卡奇亚里在《不可逾越的乌托邦》(Intransitabili utopie)中提出的对洛里斯的解读,该文是霍夫曼斯塔尔的《塔》(la Torre)的刊后语,由西尔维亚·博尔托利翻译(米兰:阿德尔菲出版社,1978 年),pp.157—216。

的事、被话语遗忘的事物。人类排斥鸿沟，这是现实与语言之间最为根本的、一致性的匮乏，而通过排斥这种匮乏，他们又发现语言并创作文学。因此，文学不可能没有表现的冲动："从古代直到我们先锋派的种种努力，文学一直都专注于表现某个事物。什么事物呢？我将其大致概括为真实事物。"①

在一位先锋主义者的惊叹中，巴特不再试图去挑战古老的表现美学，但就像一个真正的古典主义者一样，他在探求文学表现力的永恒进程。同现代主义者一样，他知道现实并不能完全得以表现，但"人类却仍旧在不停歇地试图用言语去表现它"。②他已抵达古典主义与现代主义相融合的那一点，或者正在步波德莱尔的后尘。波德莱尔在《现代生活的画家》中宣告了这一原则，即所有的现代性必须是名副其实的古典的，这时，现代性以及对现代的需求才得以建立。

文学（或者写作，抑或者文本——在此刻，定义已变得无关紧要）汇集所有形式的知识，却没有固定于其中任何一种，没有盲目崇拜其中任何一种。文学借着间接光而生——各种知识之光、真实事物之光。文学成为预言之所、无尽的乌托邦之所、以及一个辉煌的非现实之所：一个在文字游戏中表现真实世界的语言，而这些文字又用来表示语言。但是文学并未将讯息巩固于刻板印象中。那个乌托邦就是一种不具有言语社交性质的语

---

① 巴特，《就职演讲》，《巴特读本》，p.465（p.21）。
② 同上。

言,它总是沦为某种权力的仆人。

稍后我们将探讨这个语言与权力的主题,但现在我只想评论一下涉及文学与语言的这两个术语,"现实"与"非现实"是如何在《就职演讲》中以不同视角再次出现的。在《批评文集》中的访谈中,语言的非现实性及文学对自己作为文学的意识是与文学现实主义以及疾病现实主义有益的论战,而且成为对语言科学绝对信任的基础。巴特在法兰西学院的演讲里提到的非现实性与所有文学中的根本的现实主义有关联,这些文学是基于真正的精神错乱,也就是,现实与语言之间缺乏一致性而建立的;文学希望能克服普通语言中原始粗糙的特性。如果这里面有什么好争论的精神,这也只是一点微弱的影子而已,一个孤独的灵魂针对于先锋派、符号学的拒绝的姿态而已,到此时为止,符号学已成为一个学术体系,不论是心甘情愿,还是出于无奈,它已经与权力达成了妥协。在 1978 年,讨论文学的现实主义与提议回归传统大不相同;相反,它认为传统就体现在我们所有的反抗中,它将过时理解为一种颓废的预言。

巴特的预言与尼采的和巴塔伊的相似:一个不可能的词语的风险,以及一个会侮辱所有刻板印象的写作风险。与自己手中的笔跳舞意味着前往各个方向,即便是一个人没有预期要去的地方,这意味着在一个悲剧性的舞蹈中,随着运动中的身体的节奏将一个道德变成悖论。

但是巴特的预言致力于拯救文学于一个不再相信文学的世界,它不能脱离逐渐渗透到他写作的传记中的事件来解读。这就是他母亲的去世,这是巴特最后一部著作《明室》的主题,这本书在 1980 年他去世前不久出版。巴特在《罗兰·巴特自述》中提到的小说的特质在此处回归。一部古典小说的每一个人物都必须与生活、与激情来对照自己。这种对古典小说及其人物的渴望呈现出一个悖论,因为这个评论家自己曾攻击传统的传记批评,并且为罗伯-格里耶彻底的客观主义文学所着迷,他的文学作品中没有传统的人物。但如巴特在法兰西学院的演讲中所说,"知识上的改变正是对智力的推进"。[①] 而且,每一个研究者都有权利与责任去改变。

此外,巴特还在《就职演讲》中说道,生活是微妙的,而科学是粗糙的;只有文学才适合去表现生活,并展现真实事物多维的、无限的方面。

现实的品味以及言语无能的表现力在面对死亡的痛苦时刻被深刻地体验。死亡可能是给予我们的、唯一的对现实精确的感知:死亡就是物质,恐怖而不可言传,是超越所有沉默话语的真正的沉默,超越所有关于死亡的比喻——文学之死、艺术之死、作者之死。关于死亡的比喻只含有零星的死亡,而彻底的、真正的死亡,那种一个人无奈地看着已逝去的亲人时所面对的死亡,像一个不可能的现实无情地敲响。于是,巴特在《明室》中寻找逝去的母亲,只能写下本章开头所引用的那句话作为他对

---

① 巴特,《很久以来,我早早就上床了》(Long temps, je me suis couché de bonne heure),《语言的窸窣》,p. 287(p. 322)。

现实与文学的反思的最后一步："这一切都在现实的'实例'中——不再是借助于文本的详细阐述，无论是虚构的，还是诗学的文本，从根本上来说，这个文本本身是不可信的。"

放　弃

文本的不可信源于构成文本的语言。一个人说话与写作时所享有的自由只是暂时的：语言常常是一个监狱，不仅是因为作家必须为了找到自己的形式而挣扎，他要将它从语言的磨损中扯开，还因为就在他找到它的那一刻，制度就会将其占有，将其变成一个它所想要的事物：沉默、时尚、座右铭、刻板印象。

如果一个人要继续写作，要坚持坚忍不拔的人生观，那么他必须接受自己的工作责任，即便这意味着放弃，如帕索里尼[①]所言，如巴特在《就职演讲》中写道。放弃并不意味着否认自己的写作。无论如何，书面文本一旦出版就不再属于作者，因为是读者而非作者有最后的决定权。放弃意味着继续顽强地写作，即使在我们这个自由化的社会里，语言是个**法西斯主义者**，不是指它不让我们说话，而是指它强迫我们说话："但是语言——一个语言体系的表现——既不是反革命的，也不是进步的；它仅仅就是法西斯主义者。"[②]巴特在法兰西学院的就职演讲中说出这些

---

① 皮埃尔·保罗·帕索里尼(1922—1975)，意大利导演、编剧、电影理论家。——译注

② 巴特，《就职演讲》，《巴特读本》，p. 461(p. 14)。

惹人非议的话语,因而,就在符号学被作为一门学科而制度化的那一刻,他对它予以谴责。写作对抗语言,但从它被当众承认的那一刻起,它又变成了语言,而且作为语言,它又得以复原。

《就职演讲》是巴特最为绝望的一个文本。苏珊·桑塔格①将巴特在政治上的轻松与沃尔特·本雅明的政治意识作了对比:"巴特并未受到现代性灾难的折磨,或者受其革命幻想的诱惑,但他却有一个悲剧后的敏感。他将当下的文学时代称作是'一个温和启示的时刻'。能够口吐此言的作家确实是幸福的。"②但我要说的是,正相反,在法兰西学院口出此言的那个人是一个极度悲伤、疲惫的人,在尝遍生活及现代性争论的所有个中滋味之后,他从其中退出,他曾热爱文学,并追问自己,如果有时间去写本他想要写的小说,他是否还会继续当一名作家。让他自己死亡的甜美启示是一个倦怠的、破坏性的死亡,就像在一出因为不流血和倦怠而不再是悲剧的悲剧中一样。事实是,那个悲剧又作为一个闹剧而回归,如巴特在《罗兰·巴特自述》中援引马克思的话所言:"马克思的观点认为悲剧在历史上有时是会重演的,但是作为闹剧……闹剧……是一个比喻的说法,它会倾斜、凋谢、并且坠落(懈怠)。我初次了解这个观点时就对此印象深刻,而且也将终生不忘。"③《就职演讲》是为了一个高度惯

---

① 苏珊·桑塔格(1933—),美国文学家、艺术评论家。——译注
② 桑塔格,《写作本身:论罗兰·巴特》(Writing Itself: On Roland Barthes),《巴特读本》序言,p. xxii。
③ 巴特,《罗兰·巴特自述》,p. 88(p. 92)。

例化的事件而写,对于法国左翼的知识分子而言,对于普通的先锋派人士,以及所有那些某种程度上相信1968年的反抗①的人们而言,它出现于一个极其模糊不清的时间。叛逆精神与国家的重大机构的认可在这一时刻突然遭遇,这一认可既被梦寐以求,又被无情拒绝(这种情形波德莱尔曾经经历过——萨特曾分析过他的情形——波德莱尔曾屡次尝试加入法兰西语言科学院,未果)。当一个人的作品被国家机构接受并被敬若神明,他该将自己置于何处? 一个人如何才能设法真正置身于权力之外? 如巴特做的那样,仅仅说"荣誉通常是权力的缩减"是不够的。告诉自己幸运的是法兰西学院是一家没有学生的机构,这个机构里的教授不用受制于直接知识是不够的。那里的教授所处的职位无需他去判断、选择、或者推广。他可以自由地去从事其唯一的研究活动并对其研究进行演讲,去"高声地做他的研究梦"。② 所有这一切都是不够的:那么,这又该责备谁呢? 语言、逻各斯、话语、任何一个言语行为,即便它是来自于权力之外的地方,因为就像一个蜷缩在语言之中的危险的野兽,有一个怪物、权力、统治欲就埋伏在那里,那个千头怪兽,就是语言自己。

对沉默的怀念在这种论点中再次出现:一个人可以安静并且塞住耳朵以免听到权力的呼喊。而权力具有多种形式,这并

---

① 此处应该是指,1968年5月前后,法国发生了一系列学潮、游行示威、罢工等群众运动,史称"五月风暴"。——译注

② 巴特,《就职演讲》,《巴特读本》,p.458(p.9)。

非是一个无形的整体,如《现代的无知》要让我们相信的那样,因为这样的区分会促成有权者与无权者的区分。权力以及权力的话语渗透到我们生活的方方面面,甚至是我们最为私密的关系中、个体最为隐秘的领域中,"试图去对抗它的各种解放的冲动"。① 尽管世界有种种变化与革命,具有多种形式且千变万化的权力,总是再度出现,它永恒而且难以改变。

对巴特以及对布朗肖而言,权力是语言所固有的②,是语言这个跨越不同社会的有机体的一个寄生虫,因为语言是站在法律一边的,它是一种立法形式,言语就是一个法典。我们被迫与语法和句法所允许或者禁止的事物共同生活。巴特对语法和句法的恐惧是一个先锋派态度所特有的,在《就职演讲》中这种观点可以与《原样》杂志访谈中的态度相比。显然,巴特不仅追随马拉美在质问法语的句法以及超现实主义的原则,他还开始试图通过消除书面语与口语之间的差异来探讨格诺的主要问题。③ 但事实上,巴特的态度不是进步的,而是怀旧的:他被一个深刻的欲望紧紧抓住,他渴望一个前语言阶段,在这一时期里语言正与身体重合,或者更确切地说,他渴望一个无限的、整体的语言,一个快乐的巴别塔,在其中各种

---

① 巴特,《就职演讲》,《巴特读本》,p. 459(pp. 10—11)。

② 见布朗肖,《我恐怕没有好下场》(Je ne saurait pas être question de bien finir),《未来之书》,pp. 50—51。布朗肖区分了作为权力的"世间的语言"与"文学作品中没有权力的语言"。

③ 巴特写了一篇关于格诺的文章,《扎齐与文学》(Zazie and Literatue)《批评文集》,pp. 117—124(pp. 125—133)。

变体都能相遇并共处,无需排挤任何一个。他怀念一个非正式的语言,但每一种语言都必然是正式的。巴特希望一种遵从生命的语言,而且那完全是一个具体的结果,完全被驱散于具体的各种特质中。乔伊斯的语言就是这样的一个文学例子,或者从意大利传统中举一个这样的例子,加达①的语言,因为各种维度的语言共存也是这样的例子:传统的与传统的模仿、口头的与淫秽的语言、亲密的语言与广告语,等等。对非正式语言的怀念似乎是自相矛盾的,它竟然出自一个对文学批评以及从语言学、人类学、及心理分析所借用的许多抽象概念中提出精确方法论要求的人之口。此外,虽然巴特的话语是反句法的,但他的写作与风格实际上却并不具有这个意义上的颠覆性,如他本人在《罗兰·巴特自述》中也注意到:"我写的是古典主义作品。"在写作中,他唯一的非古典习惯就是过度使用括号、破折号,以及冒号。

　　语言自以为是,而且独裁起来是相当无情的。作家只能借助语言的面具困难重重地打造"语言坚不可摧的力量",它是句法与所有刻板印象所固有的。因而,刻板印象是令人窒息的,因为它是乏味的重复,还因为它表现了巴特所谓的好群居的特性,也就是,被一群说话人认可并赞同的需要。此外,正是语言结构强迫人们根据不可改变的规则来表达自己,令人备感压迫。想一想,在许多语言里直接否定是不可能的,这就足够(说明问题)

---

　　①　卡洛·埃米利奥·加达(1893—1973),意大利作家。——译注

了,因为这需要特别的语言"操作者"去将肯定意义变成否定意义。这位结构主义者面对的悖论在于这个事实,即结构具有压迫性与异化性。

这可能是巴特作品中最危险的马克思主义时刻:语言的异化类似于商品——金钱——商品的循环中的异化,这是马克思在经济结构中列举出来的。怪异的是,对于一个数年来一直在抱怨强大系统以及马克思主义刻板印象的愚蠢的人来说,马克思是作为一个乌托邦、一个希望、一种色彩而再度出现的,并不是作为一个哲学或者一个体系。巴特欢迎马克思主义时代划分的回归,这种划分法认为 19 世纪后半叶是欧洲资本主义历史上的关键时刻。他的批评又回到了文学史,回到那些基于持续的错觉而建立的历史中。一个"新的先知主义"诞生了,虽然它可能并不曾属于一个自由公正的社会,这却是写作的先知。它具有重要的政治意义,而且它道出了生命与乌托邦的真谛。写作是深刻的现实主义者,因为真实是欲望的对象,是任何欲望的对象。但写作还是泯顽不化地不现实,正是因为真实是不可能的、是虚幻的;因此,写作才渴望不可能的事物,并且坚信这样的欲望是理智的:

> 这个功能有一个名字:它就是乌托邦功能——也许这是违反常情的,但也因此而是适合的——在此,我们返回去讨论历史。因为正是在十九世纪后半叶,悲惨的资本主义历史中最冷酷的一段时期,文学才在马拉美的作品中发现

自己确切的模式,至少对我们法国人而言是如此。现代性——我们的现代性——就始于这个时期,可以用这个新现象来定义它:语言的乌托邦正是在现代性中孕育的。如果还像过去一样,让文学史甘愿去将各个流派联系起来,却并不指出其间的差异,在此,这显示了写作的一个新的先知功能,那么,没有"文学史"会是合法的(如果还要继续这样写的话)。马拉美的那个"改变语言"的表述与马克思主义的"改变世界"相伴相生。对马拉美,以及那些曾追随过他,并仍旧追随他的人们,有一个政治接受。①

《原样》以及先锋派的这个暗示认为语言真的可以改变,并且改变世界,但是巴特无法让自己沉溺于此。他知道那个乌托邦不能使人幸免于权力的魔爪,因此他将自己的话颠倒过来再次重申:"语言的乌托邦作为乌托邦的语言而被复原,这个语言就像其他任何一种语言一样,是一种类型。"②

因此,已经承受着孤独以便同语言进行每日抗争的作家将永无宁日。当他离世的时候,他将被官方的文化所逮捕;而当他还在世的时候,则被时尚、被人们为了识别他而不断加给他的各种形象所占据。作家陷入周围人们对他的期望产生的漩涡当中。

---

① 巴特,《就职演讲》,《巴特读本》,p. 466(p. 25)。
② 同上,p. 466(p. 25)。

"我放弃":这就是巴特对期望的反应。"我放弃"意味着对书面东西的拒绝,"但未必是对所思考的事物的拒绝"。[1] 写作无法统治,因为它又变成了语言。也许是思维统治,不是作为意识形态或者体系的思维,而是作为灰色物质,我们身体中的一小部分被我们称为大脑的东西,作为身体。鉴于它的稀有而不是权威——权威总是源于社会性,也许思维是作者匿名的身体。

"我放弃":在此,这是最后一个对抗语言的姿态,是疲惫的巴特最极端的荒原,是他走向中性的极致贫乏,而中性在欣喜若狂的时刻,在文本的愉悦时刻,曾是一个模范乌托邦。为了它的缘故,社会本应接受所有的差异而无需去挑拨离间令其相互内斗,但在疲惫的一刻,中性预示着回归,一个致命的转身,就像俄耳甫斯的转身一样。疲惫代表着衰退,是一种颓废的态度,是趋向身体秘密、作家风格的回归,巴特在《写作的零度》中曾提到作家的风格。中性就是那个零度,就是一个人从日常奋斗中退出,退到一个渴望意义的社会之外,退到作为一个社会协议的语言之外的地方。这种孤独的中性,不介入一切权力立场的中性,几乎就是无政府主义;这让巴特更加接近加缪,巴特过往生活的作者,他对身体有一个前语言的、反社会的看法,这个看法从一开始就戏剧性地陷于生死之间。

在语言之前和语言之后,人们发现幼儿时期的身体,以及位于个人个体性另一侧的身体。后者不是个人自己的,但这个人

---

[1]　巴特,《就职演讲》,《巴特读本》,p. 467(p. 26)。

还是照样认出它来；这是一个世系的身体，一个**种属**的身体。这就是巴特在看着《明室》中的家庭照片时发现的身体：这是一个残忍的物质集合，一个不以我们的意志为转移而来到我们身体的物质，它与我们的祖先一脉相承。人们还发现了死亡以及亡者的身体。不论情况如何，这与过去有关，这是身体的过去，是诸多身体的过去。因此，如果不像普鲁斯特那样力图使过去在回忆中重生，或者像米什莱那样力图使过去的身体在历史中重生，巴特将该如何表现？

于是，巴特在《就职演讲》中公然宣布有必要放弃时，以及在《明室》中宣布文本的不可信时，他开始了有关复活的写作，而这只是记忆与历史的幻想，也是摄影的基础。

过去卷土重来同语言对抗，同语言中为写作所抑制的那个部分对抗。这是身体的过去，是《罗兰·巴特自述》中童年照片的过去，是《明室》中母亲的照片的过去，以及巴特所喜爱的诸位作家：加缪、萨特、米什莱以及普鲁斯特的过去。

作为幻想的科学

在 1966 年，巴特在《批评与真理》中回应了诸如雷蒙德·皮卡尔以及传统批评的攻击，巴特将文学科学当作极其必要的某个事物来说起，它的目标"不可能是将一个意义强加在作品之上，而且以此为名，人们就有权排斥其他意义……；它就不会是内容科学……而是关于内容的条件的科学，即形式科学；它会对意义的各种变化发生兴趣,这些变化是由作品生产的,我还要再补充一句,并且是可被作品生产的"。① 这个模型将由语言学提供,尤其是乔姆斯基②的转换生成语言学。乔姆斯基建立了一个假设性的描述模型可以用作一个研究的起点来解释一个语言生成句子的无数种方式。文学科学不仅要将文学与作者不详的神话作比较,它还不得不牺牲作者,这个传统批评中的偶像,以及文学史的主要内容。在他于 1968 年发表的文章《作者之死》中,巴特认为"读者的诞生必须以作者之死为回报",③巴特以此种观点迎接一个新的文学时代的到来。

我已经说过作者之死是一个含混不清且惹人生气的想法,它似乎容许文学的科学精确性,并且侵蚀着权力。但是巴特,后期的巴特,却发现自己否认科学,并开始寻求他喜爱的作家,他们都是"文学史上大名鼎鼎的人物与作品",甚至是具有魔力的名字。例如,普鲁斯特的名字因现代性而具有魔力,而对普鲁斯特自己,一些人们以及地方的名字也具有魔力。巴特发现自己也想要成为一个作家——而不是权威——那就是说,他发现自己想要写一部小说。

事实上,在巴特的作品中,文学研究的科学特性从不是完全

---

① 巴特,《批评与真理》(*Critique et Vérité*),p.57。

② 艾弗拉姆·诺姆·乔姆斯基(1928—),美国哲学家,麻省理工学院语言学荣誉退休教授。他的《生成法》被认为是 20 世纪理论语言学研究史上最伟大的贡献。——译注

③ 巴特,《作者之死》(Death of the Author),《语言的窸窣》,p.55(p.67)。

高枕无忧的。1967年，即《批评与真理》发表之后的一年，在《从科学到文学》一文中，他宣称，不知怎的，他有些尴尬，甚至痛苦，因为派生"于一个语言学模型的结构主义却在文学，这个语言的产品中找到了一个关系不是一般亲密的目标：简直跟它自己就是同质的"。①一方面，有一个趋向于方法论以及分析距离的倾向，"科学在与其目标面对面时必须保持这个距离，这样就不会使自己跟它混在一起"。另一方面，又存在着"在语言的无穷性中失去分析的洞察力的诱惑"。简而言之，这个关键问题依然存在着：结构主义必须决定它到底是科学，还是写作。如果它的任务之一是探讨文学，那么结构主义只要依然是彻头彻尾的科学，它就无法担当此项任务。在本文中，为了解决这个问题以及避免说结构主义在寻求伟大而美丽的文学——这种文学距实证主义者的现实主义以及新小说的客观性有光年之远的距离，这种文学就像普鲁斯特的文学，是基于主观体验的基础之上而建立的——巴特提出了先锋派的理论话语：这就要留待邦弗尼斯特的语言学来区分话语(énoncé)与阐明(énonciation)之间的不同，借此来产生一些批评的影响。话语(énoncé)是客观的谈话，它也是这样呈现自己的，同时否认一个发声主体的想法；阐明(énonciation)是一个言语行为中主体呈现出其主体地位的谈话。这样人们就可以发现一门科学所有的欺诈之处：它摆出一

①　巴特，《从科学到文学》(From Science to Literature)，《语言的窸窣》，p. 5 (p. 15)。

副建立在绝对客观的谈话,即话语,基础之上的架势,而且排斥那个说话的主体以及表述行为。当一个人责备科学的幻想与想象的客观性时,他必然会将它转向写作,因为只有后者才能公然废除"一个语言中所固有的坏信念,却不知道它自己也存在这种坏信念"。① 一旦表述行为的重要性被认可,那么文学将可以在人文科学中发挥重要作用,而这些科学却总将它置于一个次要位置:"文学的作用就是向科学制度积极表现它所排斥的东西,例如,语言的主权。"②

《批评与真理》中的科学热情,以及深信写作在面对知识与科学时具有颠覆特性,这在巴特 1967 年的文章中就已表达,以上两点均与以下信念相关,即文学应当具有进步作用,它要么成为一门科学,要么是对科学意识形态的批评。后来又有了一个可怕的想法,即一个从事文学的人必须与时尚无关,处于绝对的过时的状态。这个想法已在 1967 年的文章中有所显现,因为巴特援引波德莱尔的话说"文学生活"是"唯一的适宜某些落魄者呼吸的环境"。③ 这种情形下,为何还要对文学的科学性及其批判力量自欺欺人?人们倒不如完全接受过时并采用一种厚古者的态度,独自对抗一个群体,追寻着过往,就像一座城市的形象一样,一个人在此城里已无法找到童年时知道的地方与建筑,因

---

① 巴特,《从科学到文学》,《语言的窸窣》,p.8(p.18)。
② 同上,p.10(p.20)。
③ 同上。

为城市已经面目全非,而过往也已不可再现。

因而,《就职演讲》虽然借用了邦弗尼斯特的话语与阐明的术语,却与十年或者十一年前作品的语气大不相同。首先,巴特拒绝当代质疑科学与艺术对立的倾向。巴特说道,现在,挑战那个对立听起来很好,但他接着就表示出对促进科学与艺术同化教条的烦恼,这个观点源于结构主义,而且他一定曾予以帮助支持。然而,这个对抗却不切题,尤其是从语言的观点来看,恰恰是因为话语与阐明的不同:话语还是以惯常的方式被描述为一个假定的说话人不在场的产物,但是阐明却被重点描述,这使得它富于色彩及情感,超越了理应属于它的抽象的主观性,超越了以冷淡风格为特点的所有的客观解释,甚至在他们说起阐明的非客观性时也是如此。巴特在阐明中看到了他所称的主体的*活力*。这个术语并非出自邦弗尼斯特,而是出自文艺复兴的修辞,它注定了发明创造的力量,以及雄辩活动的盛行,这甚至在演讲术之前就开始了,而且包含话语在场性的所有说服力:"陈述的行为,通过显示主体所处的方位与他的活力,甚至是他的无能(这并非是他的不在场),主要聚焦于语言的现实,同时承认语言是个巨大的光环,笼罩于光环下的有暗示、效果、仿效、翻转、回归,以及程度。它承担起一个重负,要让一个既坚持己见又不可言喻的主体为人理解,该主体不为人知,却又因一个令人不安的熟悉而被人认出。"[1]巴特继续保持其符号学视角,同时又记得

---

[1]　巴特,《就职演讲》,《巴特读本》,p.464(p.20)。

表述的话语"不再被幻觉般地当作是简单工具了"。但这个符号学视角被一则寓言打断,该寓言在结束该段落时恢复了它的最强音:话语"扮演着预测、爆炸、震动、设备、风味的角色。写作使知识变得欢乐喜庆"。

阐明就是写作,这正是主体的活力,一个语言的节日,这又让人回想起抵制**多格扎**的贫乏信念的快乐。即便巴特与像拉伯雷①这样的作家相距甚远,最终他却在寻求一种像身体一样始终如一并且刺激感官的语言,因为作为快乐的知识,似乎——在所有不在场、为结构主义隔离开的所有虚无、符号学分析发现的符号的所有幻想的另外一侧——他可能会重新发现符号浓郁醇厚的品质,它能够吸引所有的感官,当然,不仅是视觉,还有听觉、嗅觉、触觉与味觉。② 巴特谈到了话语的味道,就像一个人说起食物的味道一样:"在烹饪中,'事物应该具有它们原本的味道。'"③在那时,人们看见异教徒的纵情酒色的主题已在符号下面,或者在它的心中闪烁;这个主题在现代意识的影响下已经衰弱。如热奈特在我经常引用的文章,《符号的反面》中本能地知道,这个符号学家隐秘的梦想被揭开了,他梦想事物本应该具有它们原本的味道(就像在一个个精妙的烹饪中,食材依然各不相

----

① 弗朗索瓦·拉伯雷(1495—1553),文艺复兴时期法国最杰出的人文主义作家之一。——译注

② 巴特经常写关于烹饪的文章。例如,可参见他的《读布瑞拉特·萨伐仑》(Reading Brillat-Savarin),《语言的窸窣》,pp. 250—270(pp. 285—306)。

③ 巴特,《就职演讲》,《巴特读本》,p. 464(p. 21)。

同、清晰可辨）。在知识领域中,巴特说道,"正是对话语的品味才使得知识深刻、富饶"。[1]

虽然巴特对知识的所有攻击都很气人而且富有挑战,但还是应该有所保留地看待它们。这同样适用于他对无聊的巴黎大学的反抗,以及他的文化喜好,这是有深刻的人文主义的,而且几乎是游戏似的、拉伯雷式的嗜好。文学自诩为纵情声色的、愉悦的知识形式,正因为它是由知识构成的。但它并未成为教条而琐碎的教育法、贫瘠而空虚的学识;因而,它从未呈现出知识枯燥压抑的一面。当文学评论——或者文学史——旨在建立一门文学知识并提议文学本身就是知识时,它就会变得令人无法忍受。那么,文学评论家又能做什么? 他可以不作为评论家而是作为随笔作家来表现,因为后者界于真正的作家与学术评论家之间。或者,他可以打破随笔的形式,将其分割成片段或者短小精干的格言警句,就像巴特在《文本的愉悦》、《罗兰·巴特自述》以及《恋人絮语》中所做的那样。

随笔,是一个不合法的文学类型,在《罗兰·巴特自述》中,它被定义为是一种被判决必须加引号的说话形式,这种形式不像小说一样反讽。但作为对《文学,词汇学及社会学的文学》(巴特受邀在法兰西学院讲座的符号学)的回应,这是一种挑战科学分析规范的形式,这是一种"模糊的类型,在其中分析与写作针锋相对",如巴特在《就职演讲》的开始部分所言。借助于威胁科

---

① 巴特,《就职演讲》,《巴特读本》,p.464(p.21)。

学与真理的傲慢,作为写作的随笔将自己作为一个温情脉脉而且动人的空间,作为一个价值而非知识奉上。这是因为在知识领域中,人们会对每一个事物都追问"它是什么?"然而,价值则将此问题变成"对我而言,它是什么?"①巴特在1977年的一个专题讨论会——《借口:〈罗兰·巴特自述〉》中说道,礼拜仪式是矛盾与斗争的最终解决;它也表示"一直陪伴并指引我的朋友们的伴随,我将自己托付给了这些朋友"。巴特想借这个词语暗示"一个稀有的领域,在此,各种想法可以沉浸于挚爱中;在此,朋友们通过他们在你的生活中的陪伴,允许你去思考、写作、说话"。②

友谊的宗教与文学的宗教:这是巴特事业的终期,因为生命要远比科学脆弱而精细。"文学有种真理的真理的效果,对我而言,要比宗教的效果强烈得多。我说这话的意思,很简单,就是文学就像宗教。"③

巴特的符号学现在是,并且曾经也是一个训练过程。作为学徒,它经历了两个时期:一个是幻想时期,另一个是醒悟时期。在幡然醒悟的那一刻,旧有的幻想貌似一个错误,而且大错特错。但醒悟并不完全导致痛苦。相反,它变成了一个有益的力量推动着一个人去另寻蹊径,重新深刻地评估过去,去重新发现

---

① 巴特,《文本的结果》(Outcomes of the Text),《语言的窸窣》,p. 247(p. 280)。

② 巴特,《图像》,《语言的窸窣》,p. 357(p. 396)。

③ 巴特,《沉思》(Deliberation),《语言的窸窣》,p. 367(p. 407)。

超越意义闹剧及语义硬壳的意义。例如，一个人攻击了传记型批评后，就可以再创造一个新的传记形式，如在《罗兰·巴特自述》中那样；或者一个人拒绝了感伤主义之后，就可以勇敢地改变与面对情感，就像在《明室》中那样。

作为科学的符号学项目是受索绪尔语言学的启发，建立于语言与话语(langue and parole)的区分之上，不仅因为区分对于科学而言是必要的，还因为在此观点的极限内，它似乎可能主导整个语言的大部分，能捕捉住那个使所有事件都受制于理性化的结构。在他的法兰西学院就职演讲中，巴特说起他几乎可以将话语与语言这两个术语互换使用的方式：这时，在他看来，话语与语言似乎是不可分割的。这个区分在以前曾经服务于他的研究目的，但现在是该放弃它的时候了。

突然之间，语言学与符号学被发现正沿两个截然不同的方向前进，前者沿着一个科学的或者数学的道路，而后者则走在一条情感的道路上。就像文学一样，像19世纪的小说一样，符号学研究的是人类的激情。实际上，巴特宣称语言学现在对他而言似乎"正在从事一个大骗局，正致力于将一个目标(话语)整得不适宜的干净而纯洁。"①那么，符号学就会是不纯洁的产物，是那个侵蚀了所谓讯息的纯洁的东西的产物，它"无异于是欲望、恐惧、外貌、恐吓、进展、谄媚、抗议、借口、侵略，以及组成积极语言的各种音乐"。②

---

① 巴特，《就职演讲》，《巴特读本》，p.470(p.31)。
② 同上，p.470(pp.31—32)。

巴特意识到他的定义过于个人化与个性化,以及它如何在一条与今天的符号学所走的截然相反的道路上行进,后者是一关于门符号的、积极的科学,被用于评论、大学、各种协会组织中,而巴特却想要朝着激情、感情的方向前进。

自相矛盾的是,符号学重新发现了"法国文学史之父"古斯塔夫·朗松所作的区分:"人们应当将'知识'与'感情'同那种一有感觉就可以知晓的事物区分开;在人可以知道的地方就不应该靠感觉,而且在他感觉的时候不应认为他已经知晓:我认为文学史的科学方式可以归结于此。"① 与朗松的方式背道而驰,巴特选择走向情感,他深知这个选择已被从科学神话、从索绪尔的以及邦弗尼斯特的语言学中滤除:后者曾激起他的热情,因为这使得他能够在语言本身的范围内"科学地"建立这个思想,即主体并不存在,只不过是话语的一个实例而已。然而,积极的语言以及真实的生活重塑了主体,但不是作为一个丰满理性的形式、不是作为"我思故我在"的形式,而是作为受伤的敏感性、情感的主观性,它赋予话语一系列的激情,从温柔到侵犯,无所不包。

当人们试图将知识与感情融合的时候,二者总有一个会胜过另一个而获得优势地位。因而,巴特早期的符号学虽然反对传统的知识,但当它站在知识一边的时候,却更强大;而他晚期的符号学在玩弄并融合各种形式的知识时,却与文学有所重叠,

---

① 朗松,《科学的精神》(L'Esprit scientifique),《文学史的方法》(Méthodes de l'histoire littéraire),p. 30。

必然会暗示感情。它在与智力作对。

普鲁斯特

> 是我们的激情在写书,它勾勒出各书的大致轮廓及其间的休眠时期。

——马塞尔·普鲁斯特

然而,要将这个反智力的话语按字面意思理解就大错特错了。即便在此,巴特的反抗精神也隐约可见。他的反抗从来不是无事生非的,也从不指向某个特别的人,因为他厌恶争斗,厌恶语言之间的竞争:他总是反抗教条、多格扎——在此情形,指的是符号学的多格扎。巴特式的反抗总是,而且只是针对语言。另一方面,他在法兰西学院的时候,巴特力挺智力的价值,他在一篇已被引用的文章中说道,"知识上的改变正是对智力的推进"。"推进"一词用于提醒我们,智力是一个已经受到感伤性影响的主观事实。

将感性的东西理性化及将感性的东西变成智力的:二者间的鸿沟就是智力与情感、心脏与大脑间的鸿沟,这是霍夫曼斯塔尔已经提出的严重的分歧(弗洛伊德与维也纳的克利姆特①在

---

① 古斯塔夫·克利姆特(1862—1918),奥地利"维也纳分离画派"(从古典主义艺术家把持的美术家协会中分离出来)的奠基人。——译注

上世纪初也曾提出此看法）。尚多思爵士认为"只要我们开始用心思考，就可以与整个存在开始一个新的、充满希望的关系"。[1]如果我们开始用大脑感觉，我们必须这样将尚多思的话接下去。情感与智力之间的鸿沟只是一个比喻的说法，使人们能够克服泰纳[2]与朗松之间的实证主义对立。巴特曾寻找过这样的一个鸿沟。他试过所有可能的方式去找到能够用于描述它的语言、词语、句子，如尚多思爵士所说的，那种"会使小天使——但我并不信什么小天使——死翘翘的词语"。《明室》意识到这个理想（至少在书中的第二部分）。在此，"知面"与"细孔"两个术语被用来描述摄影的效果。前者暗示那些属于理性、知识与文化领域的事物，简而言之，属于智力范畴，而第二个则指那些属于情感领域的事物。这个区分，虽然是有用的，且有说教作用的，但并未克服结构主义者好以二元术语行事的习惯。此外，这也是巴特为了忠实于其著作的副标题（《摄影札记》）必须付出的代价。这本书似乎是关于摄影的，而实际上，巴特的这本最后的著作是关于他母亲的。这是他自己的微缩版的《追忆似水年华》。本书真正的论点、真正的新语言可以在第二部分中发现，那里的每一页都是饱含情感的思想——即尚多思爵士所说的用心的思考。

---

[1]　霍夫曼斯塔尔，《尚多思爵士致弗朗西斯·培根，选集》(*The Letter of Lord Chandos*, *Selected Prose*)，p.138。

[2]　伊波利特·阿道尔夫·泰纳(1828—1893)，法国19世纪杰出的文学批评家、历史学家、艺术史家、文艺理论家、美学家。——译注

否认智力在巴特后期作品中的作用是错误的,正如仅仅机械地按字面意思理解普鲁斯特的反对智力一样,当时他在《驳圣伯夫》中提到了由回忆引起的纯属偶然的各种关系:"每一天,我都认为智力越发不重要。每一天,我都意识到只有处于智力以外的时候,作家才能坚持我们过去印象中的某事,这也就是说,他可以真正获得他自己的某个事物,以及真正的、艺术的要义。智力以过去的名义所给予我们的并不是我们的过去。"①当然,即便是在《重新发现的时光》②中,就在叙述者发现他的艺术使命的那一刻,普鲁斯特依旧在怀疑智力,尽管它所汇集的真相是有价值的:"它们就像是线条硬朗,但没有透视法的素描",凭这个事实,即"它们再也没有被重新创作出来",就可见它们是扁平的,没有厚度与深度。但叙述者又接着说道,"可是我觉得,知识直接从现实中演绎出来的那些真理也并非完全一无是处"。事实上,它们含有一种"充满智慧"的并可以伴随着艺术作品的物质,它们帮着以最宝贵的感觉将它架构起来,"对一件艺术品而言,完全由这些感觉建构也是很罕见的,难以实现"。③ 简而言之,艺术作品是由智力及深刻的情感所赋予的一个材料组织,然后在主题中被再次创作。

---

① 普鲁斯特,《序言的计划》(Projets de Préface),《驳圣伯夫》(Contre Sainte-Beuve),p. 211。这几页的批评文字之后就成为《追忆》(Recherche)一书的文本。

② 《追忆似水年华》的最后一部。——译注

③ 普鲁斯特,《重现的时光》,《追忆似水年华》(Time Regained, Remembrance of Things Past),3:935(3:898)。

认为普鲁斯特不重视智力就会大错特错。对《追忆》一书这样的解读就会过于重视无意识记忆的短暂经历,而且也会忽视《重新发现的时光》的价值,它需要人们反复阅读整部小说,作为一种符号学习,这只有在持续的时间段才可能完成。① 但是,正如保罗·利科②所写的,《追忆》一书是一个"时间寓言",而且普鲁斯特自己在 1913 年 11 月 13 日那一期的《时光》(Le Temps)的访谈中也同样如此说道,那时《去斯万家那边》③正刚出版。这个小说"不仅是一个平面的心理学,而且还是一个时间心理学(就如一个人说起平面几何与空间几何一样)。我曾试图分离出这样一个物质,它在时间中是不可见的,但要达到此目的,必须要求可持续的经历"。④

正是出于前面所暗示的目的,即展现后期的巴特,我才离题讨论起普鲁斯特。巴特虽然提出了反映结构主义意识形态的作者之死的观点,但他又重新发现了自己所喜爱的作家,其中普鲁斯特是备受他青睐的一个作家。在巴特所有的著作中,普鲁斯特代表一个欲望和错误,正如结构主义所构想的那样,正是这个错误使他将写作与虚构和小说等同起来。自相矛盾的是,而且与他自己的陈述相反的是,巴特并非是小说作家,而是一个评论作家。

---

① 里克尔,《时间与叙述》(Temps et récit)2:194—225。

② 保罗·利科(1913—2005),法国著名哲学家、当代最重要的解释学家之一。——译注

③ 《追忆似水年华》的第一部。——译注

④ 普鲁斯特,《驳圣伯夫》(Contre Sainte-Beuve),p.557。

此外,出于现代的种种原因与需要,这两个词语被混为一谈,如我已经阐明的,人们会发现巴特站在艺术与文学的一边,但不是作为艺术家,而是作为一个评论家或者是伦理学者。人们也可以说他是完美的随笔作家,而且就在他表达了要写小说的欲望那一刻,他已经达到随笔形式的理想阶段(《明室》)。巴特走了一个与普鲁斯特正相反的道路,当普鲁斯特认为他在用与泰纳和圣伯夫①相反的方式写随笔时,他实际上正开始其小说创作。当巴特表达他要写小说的欲望时,他却写了一篇抒情的随笔——该文是基于"我"的基础上创作的,它试图赋予事物与生命一个声音。

在巴特的理论性文本中,普鲁斯特的名字经常与马拉美和福楼拜的名字一起出现。在决定写作的历史正变成小说的故事时,它被用来暗指现代文学中的一个转折点。文学作品就这样讲述了其诞生的条件。但当巴特说起普鲁斯特的时候,他听起来并不太像一个评论家在谈论一个作者:在这个方向上仅有的文本是《普鲁斯特与名字》,写于 1967 年(现收录于《新批评文集》中),以及《一个研究想法》,写于 1971 年(现收录于《语言的窸窣》中)。在后一篇文章中,巴特将《追忆》一书解读为"一种话语形式,其痴迷已达莫测高深的地步",②某种类似倒置的事物,情况、观点、价值、情感的逆转——例如,斯万,虽说是各位王子

---

① 查尔斯·奥古斯汀·圣伯夫(1804—1869),法国文学评论家。他是将传记方式引入文学批评的第一人。——译注

② 巴特,《一个研究想法》(An Idea of Research),《语言的窸窣》,p. 272(p. 308)。

的朋友,但在叙述者的众位姨妈看来,却不是高等人物。在他1967 年的文章中,巴特将普鲁斯特的拟声作为《追忆》一书的研究起点,从而证实了列维-斯特劳斯关于专有名称意义的论点。

这些文章属于法国非常正统权威的传统批评,可以被视为是仿效圣伯夫的《月曜论文新编》或泰纳的《批评与历史论集》而作(在朗松的巨作出现之前,这些著作开启了新闻的文学批评传统)。这种短文并不装模作样去详尽地讨论一位作者,而是试图将一位作者或者一个文本置于一个时代的伟大体系中。正如泰纳与圣伯夫从自然科学中借用了有机体的比喻一样,上世纪 60 年代的评论家们使用结构主义语言学及人类学的科学术语和概念,这两门科学对于 20 世纪至关重要,正如解剖学与生物学之于 19 世纪一样。

比这些关于普鲁斯特的研究短文更重要的是一个题为《很久以来,我早早就上床了》的演讲,于 1978 年发表,以下关于普鲁斯特的陈述是在《文本的愉悦》中所作的:

> 我发现普鲁斯特的作品,至少对我个人而言,是参照作品,是总体智慧,是整个文学进化论的坛场①——就像塞维涅夫人②的书信对于叙述者的祖母,及骑士小说之于唐·吉坷德③一样,等等;这并不意味着我是什么研究普鲁斯特

---

① 佛教术语,供奉菩萨的清净之地。——译注

② 原名玛丽·德·拉比坦-尚塞尔(1626—1696),法国古典书简作家,代表作《书简集》。——译注

③ 西班牙作家塞万提斯于 1605 年和 1615 年分两部分出版的反骑士小说《唐·吉诃德》中的主要人物。——译注

的"专家"：普鲁斯特就是来到我身边的东西，而不是我唤起的东西：不是一个"权威"，而仅仅是一个周而复始的记忆。这就是什么是互文文本：在无限的文本以外不可能生存——不论这个文本是普鲁斯特，还是日报，或者是电视屏幕：书籍创造出意义，意义创造出生命。[1]

这段文章显示了晚期的巴特与普鲁斯特之间关系的缩影。它阐述了一个既非学术性的，也非理智上的关系特性，而是滞留于情感上的关系，这种情感从阅读的快乐到丧母之痛的体验无所不含——这种体验是对时间的体验，时间既是短暂的一刻，也是持续很长的一段。

人们应该记住巴特在《一个研究想法》中讨论的反转的形式。巴特对普鲁斯特吸引力的大逆转正是从喜悦到痛苦的逆转，从阅读到写作的逆转（从阅读到写作：这不正是《追忆》书中叙述者所追寻的轨迹吗？）这个逆转是巴特最终的转变，他在《很久以来，我早早就上床了》中反复地提到《新生》。[2] 对巴特而言，他在《就职演讲》中将自己界定为是随笔作家，他要写一部小说的意图代表了这个《新生》，他宣称这个小说的权威将在于"真情实感，而不是思想的真实：因而，这个小说绝不会傲慢、恐怖：

---

① 巴特，《文本的愉悦》，p. 36 (p. 59)。

② 《新生》，欧洲中世纪的一本诗集，由诗人但丁·阿利吉耶里于1295年创作出版。——译注

根据尼采的类型学,它归属于艺术,而不是神职"。①

　　巴特在《一个研究想法》中说道,普鲁斯特式逆转的惊奇与气质"是回归、结合点,以及认可的惊奇"。② 简而言之,这是共生句法的惊异,它可以结合对立面。例如,谢巴多夫亲王夫人③在这个四处游历的叙述者看来俗不可耐,她其实只是一个妓院的老鸨;但根据共生或者循环句法,她既是一个妓院的老鸨,又是一个亲王夫人。这个循环句法引领巴特发现了自己的"天命":他想要写一部小说。他过去一直就想当作家。这个愿望在《写作的零度》中已经出现,在《罗兰·巴特自述》封皮上的句子中清晰无误地显现——"这一切应当被当成似乎是由一个虚构的人物来写的",在他对阐明的兴趣中隐含,它作为欲望是真实的,但作为形式与实践,却并不真实。

　　《追忆》一书的叙述者,虽然害怕自己将来没有时间去写作,而实际上在将来却会写作,这个将来因叙述者有一个实际写这部小说的作家作为自己的替身而变成真实的。然而,巴特这个教授却不得不去研究口语,并从事大多是源于说话或者上课的写作;他表达了自己写小说的愿望,却没有时间去写,只给世人留下了批评性随笔。这真是时间开的一个残忍的玩笑。另一方面,巴特将自己的小说定义为是个幻想,可能犹如乌托邦一般不

---

① 巴特,《很久以来》(Long temps),《语言的窸窣》,p.289(p.325)。

② 巴特,《一个研究想法》,《语言的窸窣》,p.275(p.311)。

③ 《追忆似水年华》中的一个人物,一个俄国贵族。——译注

可能实现,可见他也意识到这是个玩笑。

回归与重新发现是时间的修辞比喻,它们在时间中、在巴特作品的传播中形成,就在他渐渐变老,时间越发紧迫的那一刻形成,就如同普鲁斯特患病时一样:

> "时间终于到了,我们在世的日子已屈指而数"(而这是个意识问题);现在开始了倒计时,虽然模糊不清,但不可逆转。你知道自己是肉体凡胎(自打长耳朵听话起,大家都这么告诉你了);突然间,你感觉到终有一死(这不是一个自然的感觉:自然的感觉应该是相信自己会永生:因而才会有这么多源于粗心大意造成的事故)。这个证据一旦被体验就会改变景色:我必须强制将我的作品寄存于一个轮廓模糊的隔间里,但我知道(新的意识)它们是有限的:这就是最后的隔间。①

以下整整一个段落都重复了普鲁斯特的话:

> 现在,我开始明白什么是老年——也许在所有的现实中,老年是我们生命中保存最久的其中之一,这是一个纯粹抽象的概念,我们看着日历,标注上信件的日期,看着我们的朋友成家,而接下来又轮到他们看着我们朋友的孩子们

---

① 巴特,《很久以来》,《语言的窸窣》,p. 285(pp. 320—21)。

161

成家立业。然而,要么出于恐惧,要么是因为怠惰,却不明白这一切都意味着什么,直到有一天,我们看见一个未知的剪影,就像德·阿让古尔先生①的剪影,它教导我们,我们生活在一个新的世界里;……我也开始明白死亡意味着什么,开始理解爱与精神生活的快乐,以及苦难的益处,还有一个天命,等等。②

在写于 1965 年的《朗塞传》的前言中,巴特用夏多布里昂③的一句话作为题词:"除了时间,我不再是任何事物了。"《朗塞传》的主题是老年,巴特评论道,这样的主题在现代作品中已经绝迹,在那里大多只有孩子或者青少年才有一个文学地位。但是,在这种对过时事物的着迷中,让人想起了《小老太婆》和《七个老头子》这两首诗中波德莱尔对老年男女的着迷。巴特说道,老年"可以像一个爱情故事一样打动我们"。④ 通过一个奇怪的巧合,对时间的感受为回归自我所影响,他感觉作品中嵌入了最神秘的、深刻的自我,如巴特在《罗兰·巴特自述》中所言,就是那个"小小的东西,那就是他自己"。对时间的体验也受到逆转修辞的影响(由此,谢巴多夫亲王夫人也是一个粗俗的女人)。

---

① 《追忆似水年华》中的一个人物。——译注
② 普鲁斯特,《追忆似水年华》,3;973—74(3;932)。
③ 夏多布里昂(1768—1848),法国 18 至 19 世纪的作家,政治家,外交家,法兰西学院院士。——译注
④ 巴特,《夏多布里昂:朗塞传》(Chateaubriand:Life of Rancé),《新批评文集》(New Critical Essays),p.42(p.108)。

持续很久的时间被认为是不可能持续的对立与对比,这是巴特早期作品《写作的零度》的典型特点,在其中,各种文学形式立即就被历史所淹没:说它对立是因为持续与瞬间截然不同,就像未完成过去时与一般过去时不同一样;说它是对比,是因为如巴特在《一个研究想法》中所言,"表达相反的想法最终就是,在写作的旅程中将它们团结于文本的联合中"。①

《追忆》一书的男主角在一个戏剧性的逆转中,又再次以不同的视角看见了往昔的地方与事件,恰恰是因为它们现在携有艺术的印记。同样,在对学术风尚的厌倦与母亲离世的同时作用下而产生的戏剧性逆转中,巴特重新发现,写作不仅仅是与刻板印象抗争,而是一个对抗死亡本身的运动、是从死神之手夺回"我爱的那些人"的企图,以及去谈论他们以使他们免于被人遗忘。巴特的研究从语言走到了生命阶段,从语言作为一个形式现实或者非现实,到语言与世界之间备受摧残的、精神错乱的关系,从作为技巧的风格问题到作为视野的风格问题。

这样的情形确实是普鲁斯特式的:在这种情形下,作家想象着文学与生活之间不可分解的联系,并赋予艺术以将生活理解为现实的能力,使其能在我们所掌握的、肤浅的、传统现实知识的另一面,重新将它创造出来:"真实的生活,最终在灯光的照射下,祖露于我们面前的生活——唯一的可以被说成是真正经历过的生活——就是文学……但是,如果艺术指的是我们自己的

---

① 巴特,《一个研究想法》,《语言的窸窣》,p.275(p.311)。

生活意识,那么它也指的是对他人生活的意识——因为风格之于一个作家,就像色彩之于一个画家,不是一个技巧问题,而是视野问题。"①

对普鲁斯特而言,艺术家的工作——他"挣扎着去看清楚物质表面下的东西"——暗示着一个对陈腐的逆转,以及对日常生活的无视:这是一个"与每一个虚荣、激情、理智,以及习惯伴随的那一刻所经历的过程正相反的过程,在我们的日常生活中,我们注视的目光总是避开自己"。②

巴特在《文本的愉悦》中提到普鲁斯特的循环记忆,它持续变得越来越强,人们可以将巴特后期的许多话理解为是普鲁斯特一些句子的重复,尤其是出自《重新发现的时光》中的句子,这并非因为巴特是研究普鲁斯特的专家,而是因为巴特对普鲁斯特的认同就像叙述者认同他自己的回忆一样:"这意味着我在给你做一个关于普鲁斯特的讲座吗?既是,也不是。如果你愿意,我的主题是,我与普鲁斯特。真够自命不凡的!⋯⋯"我认为,矛盾的是,从我表明立场而不是接受一些证据那一刻起,这个自命不凡就逐渐减弱:我根本不是为了将自己与这位伟大的作家相比较,才将我和普鲁斯特放在同一阵线,事实与此大不相同,我是将自己与他等同起来:"这是实践上的联系,而非价值上的。"③

---

① 普鲁斯特,《追忆似水年华》,3:931(3:895)。

② 同上,3:932(3:896)。

③ 巴特,《很久以来》,《语言的窸窣》,p.277(p.313)。

普鲁斯特之于巴特一定就像维吉尔①之于但丁②：前者是后者的一个范例。巴特提出了最典型、最古典的小说阅读探险，以及认同探险。因而，他将自己表现为一个普通的读者，而不是普鲁斯特研究专家。此外，他让我们明白，他对普鲁斯特的认同与一个游戏有关，这个游戏里涉及了任务的三方系统：在普鲁斯特作品中，对作者的认同与对作品的认同以一个特别的方式融合在一起，因为普鲁斯特既是那个想要写作的马塞尔，也是那个从事写作工作的马塞尔；还因为，《追忆》的所有内容都是关于写作欲望的叙述。但最重要的是，既然《重新发现的时光》取决于男主人公的启示，根据逆转的逻辑，他就在不再相信天命的时刻发现自己作为作家的天命，巴特希望传递这个想法，即他的新生将被理解为真正的转变。

小说不仅代表他的折中主义的最后阶段，这个折中主义曾使他同时支持不同体系，使他经常梦想"不同批评语言的和平共处"，③使他尝试不同形式的写作，其中包括片段式写作。小说构成了作为现实代表、作为体验过的生活的、文学的真正启示。这样，它在亲人与死亡之间插入了一小段距离，而且，也使我们免于没完没了地重复诸如写文章、跑腿、做讲座这种同样的活

---

① 古罗马最伟大的诗人。——译注

② 意大利中世纪诗人，现代意大利语的奠基者，文艺复兴时代的开拓者，以史诗《神曲》留名后世。——译注

③ 巴特，《文学与意义》(Literature and Signification)，《批评文集》，p. 275 (p. 272)。

动,直到死亡。西西弗斯是不快乐的;重复正是疲倦的比喻说法:一次又一次,天天如此,但何时才能到头? 小说变成了批评家的一个工作,而对于教授,它却成了一种成功逃脱了西西弗斯式地狱的形式,至少也是逃脱了一点;或者,它可能是大众眼里的西西弗斯式的劳动,它使西西弗斯的行程逆转,破坏了他的工作,该工作,如普鲁斯特所言,"在每一个时刻都为虚荣、激情、理性伴随",为"我们模仿的精神、抽象的智力,以及我们的习惯所伴随"。① 相反,普鲁斯特继续说道,这个工作需要一个人付出"多种勇气,包括他自己情感的勇气"。巴特心中就有这种情感的勇气,当他去追寻那种在一个残酷的世界里诉说激情的小说的时候,这是一个现代的、知识的世界,在这个世界里,所有的道义都蔑视并谴责哀婉动人。为此,一个人需要勇气才能做到陈旧、过时。

在某个时刻,小说,这个巴特工作的理想形式,类似于米什莱的工作,我在第一章中提到过这点。小说或者关于小说的思想,在参与转变的过程中,在被理解为是一种新开始的时候,却追溯着那条古老的道路,并引领一个人从小说的视角去解读不同时期的巴特,看他如何产生写小说的欲望。我们知道"虚构"一词是如何陪伴着"写作"一词的冒险之旅,这是能指的胜利,不用提菲利普·索莱尔斯②或者朱丽娅·克里斯蒂

---

① 普鲁斯特,《追忆似水年华》,3:932(3:896)。
② 法国当代著名小说家、评论家、思想家。——译注

娃①，我们也能记住拉康如何不断地提到镜像阶段里虚构的快乐。在《罗兰·巴特自述》中，巴特为虚构专门献上他的几篇片段。他首先将其定义为一种追踪的狂热，因而将它同作为幻想的风格形象联系起来，以便追问自己科学能否因具有幻想而变成虚构的："虚构将会从一个新的知识艺术（符号学与结构主义在《流行体系》②中被如此定义）。我们用理性的事物同时创造出了理论、批评争论，以及快乐。"③巴特问自己这些问题以便以这句话来结束《罗兰·巴特自述》中这个片段，即他自己"本想创作的不是一个理性的喜剧，而是它的传奇的小说理论"。

在此处，巴特在梦想一种虚构，它更近似于被他定义为传奇（romanesque）的事物，以此来逃避"小说"（roman）这个为文学史神圣化的术语，这是在他预言要创作《新生》之前的事情。但等时间到来，他已不再畏惧重操旧的术语，并且公然说它是"小说"，他使用规范的术语以预示质疑现代狂热的时间到了。这个大逆转不是术语学上的，不能只是将其贬低到只是一个术语关键词的替换就打发了事。巴特不再想写"一个有关智力的传奇故事"，而是一本表现激情与精神气质的小说。

---

① 巴黎第七大学语言学教授，心理分析学家，女性主义批评家。——译注
② 贯穿巴特前后期思想、具有转折上独特地位的著作，从研究（1957—1963）到出版（1967）历时10年。它强调以符号学理论为背景的建构方法，把流行服装杂志作为一种书写的服装语言来分析，由此解答了流行体系既是不断变异又是永恒回归的双重个性，并且认为服装作为交流工具，我们的穿着方式是根据我们时代的惯例表达我们对于自己想要成为何种人所怀的希望。——译注
③ 巴特，《罗兰·巴特自述》，p. 90（p. 94）。

自相矛盾的是,在20世纪末,这位符号学家顺着他《新生》的本能,意识到一件改变他生活的事件,他发现自己某种意义上正处于与尚多思爵士相反的境遇——但尽管如此,这并未影响我在本研究中始终与他保持联系;它只是根据联合对立面的写作规则,或者是普鲁斯特的循环句法,将其反转而已。事实上,培根的朋友预示着现代事物的出现,并尽力去使最为边缘化、无声的事物——诸如,老鼠,或者一只臭虫——去说沉默的语言;反之,巴特预示着过时事物的回归,他力图以来自死亡的沉默之音来庇护生命,正如同米什莱试图将声音归还历史中的死者一样。

　　无论如何,可能在所有书面的东西里都有一种循环句法诱使我们说,在现代与过时之间有一种始于波德莱尔的、深刻的复杂:这个关键的巧合点恰恰造就了那个颓败的特质,而它自己却并未变得颓败,正是因为它要处理的无关流派,而关乎个人经历。这就是那个始于先锋派或者始于挑战冲动的事物的命运,如普鲁斯特,他最初是为了反抗圣伯夫才开始写作:重新发现古典与过时,感受对正在终结的事物,以及正在流逝的时光的残忍的怀旧之情。

　　巴特再一次发现自己处于普鲁斯特式的境地,就像那个叙述者,在他对死亡变得毫不在意的那一刻,却发现它对于他的书意味着一个巨大的危险,他阐述了艺术的法则:“对我而言,似乎这样说才更加正确,即残酷的艺术法则是,人们终将一死,我们在受尽各种形式的苦难之后也将死亡,于是在我们头上长出的并非遗忘之草,而是永恒的、生命的青草,是真正的艺术品茂盛且欣欣向荣地生长,于是,彼岸那边快乐的人们,丝毫不会去想那些长眠于他们脚下的人们,后代们可以来尽情欣赏《草地上的午餐》。①"②艺术法则就是时间与苦难的法则。

苦　难

同埃尔斯蒂尔·夏尔丹③一样,一个人若要重新创造出他所钟爱的东西,只能先将它抛弃。

——马塞尔·普鲁斯特

巴特的讲座论述了普鲁斯特及小说,这是他和普鲁斯特都在追寻的形式,讲座以一个问题结束:小说将来难道不要"既表现世界的辉煌,又表现世界的苦难,所有既让我着迷,又让我生气的一切?"④这个反问句以一种不同的形式重复了上文中引用过的巴特关于福柯的《疯狂与文明》的最后一句,在巴特看来,在那儿,写作携带着一丝危险的能量、一个悲剧、一种对古老的新事物的惊喜:"眩晕不仅在与疯狂接触的时刻出现,而是在那个

---

①　法国写实派与印象派画家马奈创作于 1862 至 1863 年间的一幅布面油画。——译注

②　普鲁斯特,《追忆似水年华》,3:1095(3:1038)。

③　《追忆诗水年华》中的人物,是一个画家。——译注

④　巴特,《很久以来》,《语言的窸窣》,p. 290(p. 325)。

人每一次远距离观察世界是如此不同的时候,也就是说,在他每一次写作的时候出现。"①但在更古老一些的文章中,最后的火花却是从坏的信念中升起,但巴特却认为这对任何一种知识形式都是必要的,是话语的话语中生来就固有的。任何的元语言都隐含着模糊的态度,这是一种看世界的方法,它不是将世界看作"一个物体,而是看作一种写作",并且,巴特阐述了他的愿望,他希望能废除话语的话语。然而,小说,这个新的而且不确定的形式,通过普鲁斯特式的逆转策略,却不含所有的坏信念,因为它并不给读者以压力,它力图表现的是情感的真实情况,而不是思想的。

巴特也不知道他是否会真的去写他想要写的情感小说,而且他也不知道是否真的应该将此称为小说。自相矛盾的是,他对于它的内容(激情)与目的(挽救亲人于被人遗忘中)更为明确,但对它的形式却没有把握。这样的小说,或者是关于小说的随笔,会避免坏的信念,因为它的内容里没有坏信念,它会超越理性的自我主义,那种只会反射自己以及自己的旅程的自我主义,这种自我主义是话语的话语天生固有的。话语的话语是一种自恋的练习。自恋完全是一种智力的、反射性的活动,就像看着自己的图像一样;而情感则必然走向他人,走向真正的、不在场的他人。因为这个小说试图要讲的是现在已经逝去的亲人,它必须变成苦难的可触摸到的形式或者容器。

---

① 巴特,《选边站》,《批评文集》,p. 170(p. 174)。

至于它的形式，人们可以问：它会是片段式的，格言式的，或者它会支持传统小说中典型的叙述的连贯性吗？它能结合这两种趋势吗？

普鲁斯特式的逆转修辞再次归来，这一次是在巴特的生活中，而且某个逆转的结果不再将转变描述为分裂点、人生中途的一个关键时刻，而是描述作张力，它一直就在那儿，或明或隐：这是写作的张力，写作是巴特作品中的一个折磨人的术语。一种根据发展、变化的逻辑，或者时期划分逻辑对巴特的解读与另一种解读再一次融为一体，后者重新发现他一个反复出现的、挥之不去的主题——诸如巴特对米什莱的解读。

逆转句法在后来才牵涉到。巴特意识到他谈论小说的架势似乎他必须写一本小说，在那时，他将科学远远抛至身后，在那一刻，多亏了过时的事物，一个新的人文主义（仅用他那个追溯于1962年的表达）已经被预示，而且情感的真实状况得以公布。根据科学界用到的公式，似乎预示着"要做的某事"，而不是谈论别人都已经做了什么："也许它终于处于主观性的中心，处于这个由我自己引起的亲密的中心，也许它正处于'我的特性的顶峰'，我是搞科学的，却对此一无所知，只是稀里糊涂地以维科提到的新科学为导向。"[1]似乎的重复，就像"世界的辉煌与苦难"这样的表达，凸显了作为情感形式的主观性与科学。

巴特写了一本书，在书中，他试图勾勒出一个可能的主题科

---

[1] 巴特，《很久以来》，《语言的窸窣》，p. 290（p. 325）。

学,它可以避免对个体性,以及挤压特性的、具还原性的普遍性闪烁其词;《明室》就是这样一本书,这样一个新科学。

在读过《很久以来,我早早就上床了》后,人们不该再去期待那本巴特想写但从未写的小说,人们也不该奢望那些未经编辑的手稿最终能出现以满足我们的期待。《偶遇琐记》的片段及其私密日记的语气并未实现巴特小说写作的乌托邦;这本书也无关他的似乎。那个奇怪的形式,正如巴特在其演讲《很久以来,我早早就上床了》的末尾所言,必须要"与我以前写作的统一的学术性质(即便有几个虚构的要素有损其精确性)"①决裂,而这个奇怪形式其实是巴特自己创造的。这个作品确实存在,它作为苦难的产品,作为一个渗入主观性与亲密的最深领域,渗入主体特性的新科学而存在,它稠密而平静,就像那个"不可言喻的东西,最后分解于一个形式的风格里",普鲁斯特在《驳圣伯夫》一文里谈论风格时提到了它。② 这是巴特去世前写的最后一本书,《明室》,一个诞生于他母亲的去世并受此滋养的文本。

《明室》是一个非凡的综合文本,它简短、透彻,而且明了。人们可以用巴特说邦弗尼斯特的话来描述这本书:"有一种美、一个智慧的体验赋予某些学者的作品那种不可穷尽的透彻,而这又造就了伟大的文学作品。"

《明室》不是一部小说,而是一个新的形式,它在论证的层次

---

① 巴特,《很久以来》,《语言的窸窣》,p.289(p.325)。
② 普鲁斯特,《驳圣伯夫》(*Contre Sainte-Beuve*),p.645。

上结束了巴特以前作品的统一的学术特性：其论点实际上是感性的，而且表现了任何学术事业中的情感的、个人的基础。在技巧的层面上，《明室》的风格是片段式的，但它也尊重年代表的延续性，或者说是时间性。本书的第一部分，事实上，以"一天，已经是很久以前"这样的状语短语开头，它利用简单过去时的所有细微差别，将叙述当即就吞没在场景建立回忆的那一点。简单过去时作为小说中的典型时态在《写作的零度》(《写作与小说》)中已被研究。《明室》所讲的是一个学术过程的故事，它第一次为我们描述了巴特，在很久以前，看到拿破仑兄弟的一张照片时，就开始问自己有关摄影的问题。《明室》的第二部分又是以另外一句时间短语开始——"母亲去世后不久的一个11月的傍晚"——这句话引入了一张照片的意外的重新发现，照片中的他母亲还是一个孩子，摄于一个冬日的花园。这张照片赋予他母亲的真实情况、母亲的存在，以及她已不在人世的意识。

因而，《明室》是一个非凡的综合文本，一个简短的文学作品，它汇集了巴特作品中所发现的、所有的理性与情感的主题以及张力。

当时的知识界、神话学者，以及符号学家都具有的巨大的结构主义语言学特性已经在分析对象——摄影——中显现。摄影实际上是一个与结构主义研究方法相适应的艺术或者技巧，因为它在当代世界具有的交流意义，还因为它可以用一个语言学上基于二元对立的术语来分析：即知面与细穿孔，这和外延与内涵并无多大差异。摄影在早期的文章中已被研究，《摄影讯息》

(1961)和《图像修辞学》(1964)现在收录于《形式的责任》(《明室》的第一部分论证了 1964 年那篇文章的论点)。此外,摄影术就像《恋人絮语》中的爱情一样,是一个受青睐的焦点,从中人们可以继续研究虚构及其与主观性思想的联系——照片就像我在镜子中的反射图像一样,将会是最出色的图像。研究摄影也有助于阐述邦弗尼斯特的一些对巴特来说很重要的思想,诸如话语(énoncé)的主体与阐明(énonciation)的主体之间的差异。[1]巴特在《罗兰·巴特自述》中尝试了各种代词面具之后,诸如"我","他"等不一而足,现在用单数第一人称写了本书,就此完全呈现了言语行为及表述行为的主体。

然而,共生句法中的逆转修辞却总是在起作用:于是,他又回归到他过去学术生涯中最为偏僻的一个部分,也就是,萨特的现象学,回归到那个我们已经见到的、代表其智慧与学识以及他的认同点的作家:普鲁斯特。还有专门献给萨特的作品——用巴特自己的话讲,这个作品是"关于恋人话语的修辞术"。[2] 有无数的普鲁斯特式的旧事,它们是回归的标记,一个横向的、几乎是情感上的回归,它们与一个致敬之举及一种亏欠感相关。巴特并没有写关于萨特的研究文章,就像他也没有写关于普鲁斯特的任何文章一样,但是他穿越于他们其中一个的美丽的句

---

① 巴特,《我为什么喜欢邦弗尼斯特》(Why I Love Benveniste),《语言的窸窣》,p. 164(p. 193)。

② 巴特,《恋人絮语》,pp. 75—79(pp. 89—94)。

子、另一个的哲学意图中。这种运动不仅是在打基础,也是在回忆、在重新发现那些构成自我的根本印象。这种运动暗示着一个深刻的自我意识、他者的意识,以及时间意识,所有一切就像各种各样的色彩融入彼此,难以察觉其间的差别。

在《明室》中,夏多布里昂的名字从未被提及,但他在《很久以来,我早早就上床了》中被简要回顾,因为巴特正是用朗塞举例说起景色的变换或存在的变异:"朗塞,投石党①的英雄,一个世俗的花花公子,旅游归来发现他情妇的尸体,她在一次意外事件中被砍头:他从世间隐退……对普鲁斯特②而言,'人生一半的旅程'当然是他母亲的离世。"③出人意料的是,巴特私下发现对于《明室》,他正处于自己在1965年所描述的先知的位置,这是夏多布里昂的位置:"他的《朗塞传》被预言性地体验作他的最后一部作品,而且不止两次,他将自己与在罗马(废墟之城)奄奄一息的普珊④等同起来,普珊在其最后的画作上留下那个神秘而至高无上的不完美,而它也要比一个仅仅完满的艺术更可爱,这是时间的震颤:回忆是写作的开始,而接下来,写作又是死亡的开始(无论一个人开始写作的时候有多么年轻)。"⑤

与夏多布里昂认同普珊一样,巴特认同普鲁斯特,正如他在

---

① 路易十四统治期间组织的法国政党。——译注
② 此处很可能是作者的笔误,应该是对巴特而言。——译注
③ 巴特,《很久以来》,《语言的窸窣》,pp.285—286(p.321)。
④ 法国古典派画家。——译注
⑤ 巴特,《夏多布里昂》(Chateaubriand),《新批评文集》(*New Critical Essays*),p.44(p.109)。

《很久以来，我早早就上床了》中所言，也许，仅仅是他母亲的去世造成了存在的变异。在 1979 年，他去世的前一年，他重读了夏多布里昂的《墓中回忆录》，[①]就像夏多布里昂一样，巴特在他的最后一本作品中注入了时间的震颤：他自己，当他开始思考摄影、母亲、母亲的过去、他爱过的及现在爱着的作家时的自己。

虽说普鲁斯特及萨特是两个不可相容的人，可是在一个循环句法中，似乎只要通过研究普鲁斯特的小说与萨特哲学的思想，他们就共处于巴特的研究中。于是，由于主观性的综合构思，这个构思与良知、意志，存在主义者存在的意志及普鲁斯特式的写作意志相联系，这两个人却得以共处：彼此毫无关系的事物共存一起，例如，简单而普遍的想法与一些像雅克·德里达、保罗·德·曼这样的解构主义评论家们的细致入微、复杂精妙的作品共处，这些人总是更多地关注思想中的问题结，或者是那些闪烁在句子中间的，或者是出自康德与海德格尔的、紊乱的话语中微妙而矛盾的思想。然而，巴特在讨论那些学术上的普遍要素，或者是被还原为关键事实的要素时，却表现得像一个艺术家。他以意象而不是思想来丰富它们，就如同画家用调色板上的几个基本色彩就可以魔术般地在帆布上将它们彻底改变，创造出具有精致的、暴力特质的色彩。

巴特表现的就像普鲁斯特在《重新发现的时光》中提到的那个作家，他在不知不觉中，也没有运用一丝不苟、精密复杂的智

---

① 巴特，《偶遇琐事》，p.76。

176

力,却成功地于手势、行动、口音、空间中捕捉住了那种能自我更新并持续下去的某个事物:

> 在未来的作家中,有一种对普遍性的感觉,它会自己挑选出普遍的事物,并出于此原因终有一天会进入艺术作品中。这使得他只有在人们将他们自己变成能预言的鸟儿、一个心理学法则的代言人时,才会听他们的话,他们也许很愚蠢而且荒谬,像鹦鹉学舌般一遍遍重复具有类似特性的人们习惯性的讲话。而他记住的只是普遍的事物。通过可能在童年早期见到的、这样的声调及外貌的变化,其他人的生活才在他面前展现。后来,当他变成了一个作家的时候,他正是从这些观察中塑造人物形象,移植到一些人共有的肩部运动上——这个动作刻画得如此真实,似乎它是被记录在一个解剖学家的笔记本上似的,但他所用以表达的真相却属于心理学领域的——其他某个人的颈部运动,众多个体中的每一个都在某一时刻成了为他摆姿势的模特。①

从普鲁斯特与萨特身上,巴特选取了能为那些"如鹦鹉学舌一般"的人们所说、所重复的、最为普遍的事物,但即便如此,他的方式还是预言式的,它依然还是表达出了一个法则。他将一个人的动作添加到另外一个人的动作上,以及其他的动作上,这

---

① 普鲁斯特,《追忆似水年华》,3;937(3;900)。

样就用各个不同的模特塑造了各种姿态。还是继续用普鲁斯特的比喻讲吧,如此一来,巴特将拉康心理分析的动作安在了萨特现象学的"肩膀"上。萨特将想象的事物说成是真实事物的不在场,将真实的拉康说成是不可能的、不可捕捉的、无能的。巴特将理性领域的这些普遍性不仅添加到普鲁斯特主要的普遍性——回忆——上,还加到《追忆》中的几个重要场景上,它们或明或隐地在《明室》中被引用。例如,人们又会发现在那种极度痛苦的真实感、奇怪的矛盾感中,在《索多姆与戈摩尔》①中,那种虚无感与幸存感糅杂在一起。当主人公弯腰脱靴子时,脑中却突然浮现出他去世的祖母的鲜活而深刻的回忆来:她动人的出现是由记忆再创造出的,完全由不在场构成。对巴特而言,这对比在于他对自己的母亲离世的痛苦感悟,而摄影,尤其是照片,那张母亲小时候的照片,那张冬日花园的照片,是这个启示的媒介。它变成了所有构成摄影艺术本质的对等物。那个主体在一个特别而具体的物体中发现自己,只有他的情感才能令一门科学的真理及摄影的一些知识合理:在此,人们发现了古老的、作为虚构的科学之梦,能够想象的科学得以实现,这在先前引用过的《罗兰·巴特自述》关于虚构的片段中就已经表达出来了。

正如对普鲁斯特而言,一个艺术家为了描绘出一座特别的钟楼,必须见过许多的钟楼;同样,巴特的研究也必须包含有无

① 《追忆似水年华》的第四部。——译注

数的要素、音符，它们相互追逐，彼此结合、呼应。于是，众位作家与零散的引语变成了迷人的名字或者形象，就像回忆成为图像，照片也变成了图像。就这样，尼采，这位对巴特的风格与思想——或者是他的思维形象——产生重要影响的人物成了《明室》中的一个神话，就像俄耳甫斯与西西弗斯是神话一样。尼采，这个极端的、极度现代化的虔诚人物，这个站在精神失常边缘的人物，被描述为一个虔诚到疯狂的人，他看到一匹受难的马就抱住马头痛哭不已。这个虔诚就象征着巴特的冲动，他受到感应，不仅将照片看作是一个图像、亲人身体的光影，而且还看作是它所展现的那一丁点身体的现实。虔诚的疯狂也构成了本雅明如此喜爱的《尚多思爵士致弗朗西斯·培根》中那个令人震惊的景象：克拉苏①为了他的七鳃鳗之死而洒泪。

巴特在《明室》中真的发现摄影的意向对象了吗？又是，又不是，就像他在法兰西学院的演讲中一样，他曾试图谈论他自己以及普鲁斯特。如果人们将这本书看作是一种随笔，那么答案就是：是。巴特确实在谈摄影，以及它对作为符号的实证科学的符号学的抵制；如果人们将它看作是一种与小说相关的形式，那么他是在谈他的母亲。

在《恋人絮语》中，巴特说他曾试图以不同于心理分析的方式讨论爱情，并且他比喻的方式将其详细阐述，而不是抽象化。

---

① 古罗马军事家、政治家、罗马共和国末期声名显赫的罗马首富。——译注

在《明室》中,巴特谈到了母亲,并超越了心理分析对母子关系的界定。对拉康而言,界定这种关系的那种无意识的意象及想象被逐渐排除在外,取而代之的是真实的事物、无可避免的物体:死亡。

　　然而,象征主义,主导拉康思想的那个抽象法则也变得柔和起来,因为巴特是在追寻自己的母亲,而不是圣母。表现力为对抗抽象的理论与公式而回归。巴特回想起犹太教为避免爱慕圣母的风险而排斥她的图像,而基督教幸亏有圣母的画像,"为了图像集[想象的]"而克服了"苛刻的法则"。① 巴特所处的宗教文化(新教)并没有对母亲的膜拜,而"这在文化上的形成毫无疑问是受天主教艺术的影响"。他让自己直达最丰满的图像与想象;而正出于此原因,他才理解并力图逃离它。剩下的只有真实,拉康三位一体(象征、想象,与真实)中的第三个术语。正如对普鲁斯特而言,唯一的真实是试图表现真实的艺术,可它只能在转瞬间捕捉到真实。因此,波德莱尔见到了那个路人,于是自我沉沦于对意象的崇拜中及艺术的表现力中。巴特想要写的小说是"表现而非表达",②也就是,一种抓住存在的尝试,而存在总是遁入到时间中,并不像那个路人逃进波德莱尔的城市那样遁入空间。小说是代表时间的形式,它不可避免的侵蚀力影响着任何存在、任何现实。空间中的时间,现代生活空间中的时间

---

　　① 巴特,《明室》,p. 75(p. 117)。
　　② 巴特,《很久以来》,《语言的窸窣》,p. 289(p. 324)。

是波德莱尔经常说到的短暂与永恒的事物,他在《现代生活的画家》的开头部分就将它们当作是美的两个常数元素。波德莱尔的路人是时常连接在一起的短暂与永恒的强大而具体的意象。她是那个未知的、客观的、"难以捕捉的美人",诗人用他永恒的问题对她发问:"除了在永恒中,我还能再与你幸会吗?"①但处于普鲁斯特式心境中的巴特却打破了现代性、现代艺术与批评的魔咒。至于夏多布里昂,对他而言,时间是年龄、过往的回忆、广为人知却已离我们而去的人们、我们已经变化的社会、我们正在衰老的身体。不同于诗歌,或者散文诗中的片段,小说在与时间的摧残奋力抗争,力图从中保留一丁点儿的生活,并宣示过去的存在。也许巴特并非真想写小说,他只是想说,小说,这个19世纪的物体,被先锋派运动如此攻击,是一种美丽的文学形式,充满了过往的魅力。而19世纪小说的主要的普遍性在于,它旨在像摄影那样再现现实。

摄影给我们无可辩驳的肯定,一个事物真的存在于过去;这是关于曾经的艺术。在摄影中,"事物的存在(在过去的某一刻)绝不是比喻性的",②正如生物体的生活不是比喻而是现实一样。但我们是否太急于将真实与生者混为一谈?就像疯狂的病

---

① 波德莱尔,《一个路人》(A une passante),《恶之花》(Les Fleurs du mal)(《波德莱尔全集》(Euvres complètes)),1,93。

② 巴特,《明室》,p.78(p.123)。见埃里克·马尔蒂,《现象假设》(l'Assomption du phénomène)及尚塔尔·托马斯,《冬日花园的照片》(La Photo du jardin d'hiver),《批评》杂志,423—424,1982年8—9月:pp.744—752,797—804。

菌渗入观察者的脑中,就像那个尤利西斯试图去拥抱的母亲,这种混淆会阻碍摄影的发展。

因而,两种视角融合于同一个具体物体,那张冬日花园的照片上。第一种是随笔的视角,它力图将摄影定义为有关真实存在过的事物的艺术;第二种是小说的视角,它的搜寻直奔母亲以及她存在的真相而去。在此结合中,诞生了巴特在《很久以来,我早早就上床了》一文中提到的第三种类型。这种类型产生于小说与随笔的融合,这种形式如同引诱普鲁斯特与波德莱尔的那个一样是不确定的,这两人都借用散文与诗歌、随笔与小说的风格写作。在此结合中,人们也可以理解为何《明室》真正的论点其实是现实,这正是每一个文学作品所追逐并力求再现的现实,虽然语言无能为力来实现;而在历史话语中,这种现实总是被视为理所当然而予以轻视。

巴特的最后一本书,他的《摄影札记》不是别的,正是由他母亲小时候的照片引发的一个现实效果的分析,摄影、小说(或者还有另一个形式),及历史在追逐真实的竞争中成为重叠的形式。

同在《写作的零度》中一样,巴特在《明室》中的历史不是历史学家的学科,无论是传统的,还是新兴的;这是对吞噬一切事物、所有形式及生命的时间与历史的忧郁的认识。巴特对历史的追问最终以了解他这一代是如何与十九世纪近似而告终,因为他们的父母出生于那段时间,那个现代化的时代。但当下世界却离那个世纪如此遥远,那个世纪只是受到历史研究的追捧,在那个世纪,历史作为事实的科学,小说作为表现现实的形式而建立,并且,摄影得以发明。学科、技巧、知识领域消失后又得以再造。一切都在改变、流逝。回忆真的可能吗？也许我们即将离世,那么我们的回忆只能来自九泉之下。我们真的能记住今天吗？我们将会明白,作为一个结论,普鲁斯特的追忆对巴特而言实际上是不可能的,因为对过去的渴望导致幻觉。

第四章

结论:历史的回归

> ……一个复活的、能引起联想的回忆,这个回忆对每一个事物都说:"拉撒路①,起来!"
>
> ——夏尔·波德莱尔《现代生活的画家》

关于《恋人絮语》中"陶醉"的比喻,巴特在括号中写道,"摄影的存在不是去表现,而是去引起回忆"。可是,通过常用的逆转修辞手法,回忆的功能在《明室》中被予以否认:"摄影并不会回忆起过往(在一张照片中没有任何普鲁斯特式的东西)。它在我身上产生的效果不是去重塑那些被(时间、距离)毁灭的东西,而是去证实我所见的确实曾经存在过。现在,这真的是惹人非议的效果。"②

---

① 出自《圣经》,一个被耶稣拯救死而复生的人。——译注
② 巴特,《明室》,p.82(p.129)。

184

这些话预示了书中及巴特身上将被发现的、最出人意料的逆转——人们也不该忘记"逆转"也指向"也"一词的出现(谢巴多夫亲王夫人也是一家妓院的老鸨),人们应该从该词向后转身的意义上理解该词,正如俄耳甫斯的转身,如《罗兰·巴特自述》的作者者在说起他将回归自我时所做的那样。在巴特最早公开的普鲁斯特式作品中,人们可以发现另一个作家,他似乎是一个比普鲁斯特还重要的参照点:米什莱,一个因为意识形态而不为人认同的作家,但他同时也是巴特作为评论家而研究过的作家,关于这个作家,巴特写过最多——许多文章,并在1954年出版了一本书。而普鲁斯特,《追忆》的话语、句子已经渗进巴特所有的作品当中。人们甚至可以说,它们以一种头韵的方式包含着《明室》:巴特的艺术视野及生活与普鲁斯特的彼此呼应。而米什莱,却很少出现,提及他的次数稀少,但很精确。

当巴特否认摄影中有任何普鲁斯特式的东西时,以及在他提到摄影的惹人非议的效果时,他正抵达米什莱及历史的至关重要的终点:复活。摄影的效果或者实质是复活。就像复活是米什莱的历史一样,他声称他并未实现历史的目标,只是预示着它,用前人从未有过的方式来称呼它:"蒂埃里看见那儿有一个叙述、基佐先生看见一个分析。我称此为复活,而且这个名字将一直伴随着它。"[1]

复活有一个幻觉特性。它促使米什莱去追寻那些创造历史

---

[1]   米什莱,《人民》(*Le Peuple*),p. 146。

的死者的声音;它使得巴特试图去重新发现存在,他母亲的存在。但是,现实就像历史上的死者,是不存在的,是不再生存的。自相矛盾的是,摄影与历史(或者更确切地说,历史书写)做了同样的工作:它使死者复活,因为摄影是对曾经存在的现实的记录,而历史呈现出自己是纪实话语,它是基于真实基础上而建立的,并能够再现真实。

巴特在《明室》中写道,"一个悖论是,历史与摄影是在同一个世纪里创造出来的"。[①] 巴特认为这是矛盾的,因为摄影成功地给出了真实以及事物本身存在的证据,而历史只是成功预示了真实。语言的根本的不信任无可避免地回归了:符号与事物之间的不同。历史会站在符号的一边,而摄影则站在事物的一边。但在布朗肖看来[②],照片,就像图像,体现了一个谎言。巴特是错误的,他为悲痛所击倒,乃至到了出现幻觉的地步,因为照片就算给予我们无可否认的肯定,被拍的事物曾经真的存在,但它并未将事物本身返还给我们。它只是几乎把该事物返还给我们:但这不会荒唐地误导我们相信照片即事物本身。但如果一个人要给这个疯狂再增加点什么,那么他就会产生幻觉,而且只有幻觉才能使我们区分摄影与历史。但人们不应将此悖论太过当真,不该将此看作是巴特的研究工作缺乏连贯性的标记。

---

① 巴特,《明室》,p.93(p.146)。
② 布朗肖,《想象的两个变体》(Les Deux Versions de l'imaginaire),《文学空间》,p.344,巴特在《明室》,p.106 中引用了这篇文章。布朗肖此文对《明室》第二部分的构思必然起到了重要的作用,因为它认为图像与尸体有共同点。

还有什么是悖论，"自相矛盾的是"这一词语的力量曾指导了我对巴特的整体解读，如果不是循环句法（那个也），那个逆转或者倒置的修辞，它消除了写作中的逻辑矛盾，并将写作（及阅读）建立于持续的摇摆与转换之上？循环句法是一个真正的炼金术或者化学，米什莱发现它如此具有诱惑力，而且它也是摄影的基础。

摄影的意象已经出现在巴特于 1952 年撰写的文章《米什莱，历史与死亡》中："这样，那些曾追随彼此的人们的肉体保存着历史事件模糊的印记，直到有一天，历史学家，像摄影师一样，通过一个化学操作揭示出那先前经历过的事情。"[①]

巴特看着一张从未见过的、母亲小时候的照片，而理解了摄影的意向对象。同样出于此原因，历史不可避免地再现。巴特认为历史不过就是我们出生前的那段时间："那就是母亲还在世，活生生在我面前的时间是什么——历史（此外，这段时期也是历史上最令我感兴趣的时期）。"[②]

可是那个摄影所提出的真实却不存在：本质上讲，照片和尸体有共性。死亡是它天生固有的，当这是一个已经逝去的亲人的图像时，就越发如此：这是一个真正的死亡剧场，而且是废弃了的剧场，因为它就凝固在时间当中。由摄影操作的复活，再一

---

① 巴特，《米什莱，历史与死亡》(Michelet, l'Histoire et la Mort)，《精神》杂志(Esprit)178，1951 年 4 月：509。

② 巴特，《明室》，p.65(p.102)。此外，这个时代与普鲁斯特的时代巧合。

次与普鲁斯特的回忆形成对比,预示着一个双重死亡,不仅是因为它展现了某个死去的人,还因为复活是短暂的:最终,在片刻的相识之后,它不过是一个扁平的、转瞬即逝的图像,轻飘飘如它的制作材料:纸张;而作为一个脆弱不堪的小物件,它又具体得如此强烈迅猛,因为它充斥了我们的视野,犹如罗伯-格里耶的现代物体一般猛烈。

人们除了看着摄影过去,对它只能听之任之。人们不能使它更深刻,只能去描述它。在《罗兰·巴特自述》中,巴特用类似的话语说过声音,那个人们记忆里耳中转瞬即逝的、奇怪的东西。人们徒劳地去寻找可以精确描述一个音质的词语,因为"一个声音总是已经死亡,而正是通过一种绝望的否认,我们才称它:活着;我们把这种无法弥补的损失命名为音调变化:就其总是过去的、无声的而言,音调变化就是声音"。① 描述只能有种悲哀的特性。在他的最后一本书中,巴特就是在描述。他不仅在描述他力图理解摄影时,他的学术研究所采用的路径,而且还在描述那张冬日花园的照片:只有五岁大的母亲、她的双手、脸上的表情,还有那清澈的眼睛。但他并未展示照片。

照片与声音是回忆与纪念碑的对立面,因为它们是易逝的,因为可以描述它们,却不能使它们深刻:它们是遗忘的、可损坏的光学物质性。它们要求西西弗斯超凡的能力,因为对于它们,我们能说的少之又少。

---

① 巴特,《罗兰·巴特自述》,p.68(p.72)。

然而,摄影是一个历史目标,是与预示着现代性的开始相同的一个物体,是我们对纪念碑的放弃,是我们的无能,令我们不能象征性地构思持续系统。在苦难、细孔最痛彻心扉的那一时刻,摄影将自己表现为一个历史目标,这也是文学在《写作的零度》中的情形。这只能是它自身历史性的标记,超越了其自身的暧昧与肤浅;它触及了处于我们时代历史深处的某个事物,而排斥了所有的仪式,呈现出死亡,一个非象征性的、死亡的意象,并且突如其来就坠入"字面意义的死亡中"。①

巴特曾在《批评文集》中谈到摄影与文学的结合:"难道不是文学这个特别的语言使得'主题'变成了历史的符号?"②如巴特在《写作的零度》中所言,因为当历史遭到拒绝的时候才表现得最清晰,《明室》中那句话,"我正是历史的对立面",③应该被当作是历史的标记来理解,作为它的最致命、最悲哀的成分,它如此接近米什莱的历史。巴特以为他在撰写那个界于随笔与小说之间的另一种形式,一本关于他的亲人的小说,一部能将她从遗忘、从那个吞没一切存在与时间的历史那儿拽回来的作品;而他却再一次以写历史而告终。其写作的方式就像米什莱一样,像他那无法忍受的浪漫气质一样,因为巴特的历史无法为历史学家所接受,恰恰是因为它像米什莱的一样是抒情的道德历史:

---

① 巴特,《明室》,p.92(p.144)。
② 巴特,《今日的文学》(Literature Today),《批评文集》,p.161(p.166)。
③ 巴特,《明室》,p.65(p.102)。

"这个割裂如此强烈、如此令人难以忍受,米什莱,与其所处的世纪孤身对抗,将历史当作是爱的抗议:因而,不仅仅是生命,而且是他所声称的,用他那些在今日已经早已过时的词语讲,善良、正义、团结等等能够万古长存。"①

---

① 巴特,《明室》,p.94(p.147)。

参考书目

以下列表只包括我在本书中引用过的著作。只要可能，我都已提供法语或德语原著可找到的英文译本。关于罗兰·巴特的综合参考书目可以在斯蒂芬·希斯，安妮特·莱弗斯及史蒂文·昂加尔的著作中找到(在此列于"关于罗兰·巴特的书籍与专刊"之下)。

罗兰·巴特的著作

《写作的零度》, *Le Degré zéro de l'écriture*. Paris：Seuil, "Pierres vives", 1953. Reprint, with *Nouveaux Essais critiques*. Paris：Seuil, "Points", 1972. *Writing Degree Zero*. Translated by Annette Lavers and Colin Smith; preface by Susan Sontag. New York：Hill and Wang, 1968. *New Critical Essays*. Translated by Richard Howard. New York：Hill and Wang, 1980.

《米什莱》, *Michelet par lui-même*, Paris: Seuil, "Ecrivains de toujours", 1954. *Michelet*. Translated by Richard Howard. New York: Hill and Wang, 1987.

《神话学》, *Mythologies*. Paris: Seuil, "Pierres vives", 1957. Reprint. Paris: Seuil, "Points", 1970. *Mythologies*. Selected and translated by Annette Lavers. New York: Hill and Wang, 1972. *The Eiffel Tower and Other Mythologies*. Translated by Richard Howard. New York: Hill and Wang, 1979.

《论拉辛》, *Sur Racine*. Paris: Seuil, "Pierres vives", 1963. Reprint. Paris: Seuil, "Points", 1980. *On Racine*. Translated by Richard Howard. New York: Hill and Wang, 1964.

《批评文集》, *Essais critique*, Paris: Seuil, "Tel Quel", 1964. Reprint. Paris: Seuil, "Points", 1981. *Critical Essays*. Translated by Richard Howard. Evanston, Ill.: Northwestern University Press, 1972.

《批评与真理》, *Critique et vérité*. Paris: Seuil, "Tel Quel", 1966. *Criticism and Truth*. Translated by Katrine Pilcher Keuneman; forword by Philip Thody. London: Athlone Press, 1987.

《时尚体系》, *Système de la mode*. Paris: Seuil, 1967. *The Fashion System*. Translated by Matthew Ward and Richard Howard. New York: Hill and Wang, 1983.

S/Z, *S/Z*, Paris: Seuil, "Tel Quel", 1970. Reprint. Paris: Seuil, "Points", 1976. *S/Z*. Translated by Richard Miller. New York: Hill and Wang, 1974.

《萨德、傅立叶、罗耀拉》, *Sade*, *Fourier*, *Loyola*. Paris: Seuil, "Tel Quel", 1971. *Sade*, *Fourier*, *Loyola*. Translated by Richard Miller. New York: Hill and Wang, 1976.

《文本的愉悦》, *Le Plaisir du text*, Paris: Seuil, "Tel Quel", 1973. Reprint. Paris: Seuil, "Points", 1981. *The Pleasure of the Text*. Translated by Richard Miller. New York: Hill and Wang, 1975.

《罗兰·巴特自述》, *Roland Barthes*. Paris: Seuil, "Écrivains de toujours", 1975. *Roland Barthes*. Translated by Richard Howard. New York: Hill and Wang, 1977.

《恋人絮语》, *Fragments d'un discours amoureux*. Paris: Seuil, "Tel Quel", 1977. *A Lover's Discourse*: *Fragments*. Translated by Richard Howard. New York: Hill and Wang, 1978.

《法兰西学院就职演讲》, *Leçon*. Paris: Seuil, 1978. "Inaugutal Lecture, Collège de France". Translated by Richard Howard. In *A Barthes Reader* edited, with an introduction by Susan Sontag. New York: Hill and Wang, 1982.

《明室:摄影札记》, *La Chambre Claire*: *Note sur la photographie*. Paris: Seuil/ Gallimard, "Cahiers du cinéma", 1980. *Camera Lucida*: *Reflections on Photography*. Translated by Richard Howard. New York: Hill and Wang, 1981.

《声音的纹理：访谈 1962—1980》，*Le Grain de a voix：Entretiens*，1962—1980. Paris：Seuil，1981. *The Grain of the Voice：Interviews* 1962—1980. Translated by Linda Coverdale. New York：Hill and Wang，1984.

《明显意义与隐含意义：批评文集 III》，*L'Obvie et l'obtus：Essais critiques III*. Paris：Seuil，1982. *The Responsibility of Forms：New Critical Essays on Music Art，and Representation*. Translated by Richard Howard. New York：Hill and Wang，1984.

《语言的震颤：批评文集》（第四卷），*Le Bruissement de la langue.：Essais critiques IV*. Paris：Seuil，1984. *The Rustle of Language*. Translated by Richard Howard. New York：Hill and Wang，1986.

《偶遇琐记》，*Incidents*. Paris：Seuil，1987.

关于罗兰·巴特的书籍与专刊

Heath，Stephen.《移位的眩晕：巴特的讲座》*Vertige du déplacement：Lecture de Barthes*. Paris：Fayard，1974.

Patrizi，Giorgio.《罗兰·巴特，还是符号学的冒险》*Roland Barthes o le peripezie della semiologia*. Rome：Istituto dell'Enciclopedia Italiana，1977.

Lavers，Annette.《罗兰·巴特，结构主义及其后》*Roland Barthes：Structuralism and After* Cambridge，Mass.：Harvard Uni-

194

versity Press, 1982.

《罗兰·巴特专辑》"Roland Barthes", *Critique* 423—424
(August-September 1982).

《罗兰·巴特专辑》"Roland Barthes", *L'Esprit créateur* 22
(Fall 1982).

Culler, Jonathan.《巴特》*Barthes*. New York: Oxford University Press, 1983.

Ungar, Steven.《罗兰·巴特:欲望教授》*Roland Barthes: The Professor of Desire*. Lincoln: University of Nebraska Press, 1983.

Roger, Philippe.《罗兰·巴特:一个传奇》*Roland Barthes: roman*. Paris: Grasset, "Figures", 1986.

其他引用的作品

Baudelaire, Charles,《波德莱尔全集》*Euves complètes*. Éditées par Claude Pichois. 2 vols. Paris: Gallimard, "Bibliothèque de la Pléiade", 1975—1976.

Benjamin, Walter,《本雅明书信集》*Briefe*. Herausgegeben ud mit Ammerkungen versehen von Gershom Sholem und Theodor W. Adorno. 2 vols. Frankfurt am Main: Suhrkamp Verlag, 1966.

——《启示》*Illuminations* Edited, with an introduction, by Hannah Arendt and translated by Harry Zohn. New York:

Schocken Books, 1969.

——《反思》*Reflections*. Edited, with an introduction, by Peter Demetz and translated by Edmund Jephcott. New York: Schocken Books, 1986.

Benveniste, Émile,《普通语言学问题》*Prpblèmes de linguistique générale*. 2 vols. Paris: Gallimard, 1966—1974.

Blanchot, Maurice.《文学空间》*L'Espace littéraire*. Paris: Gallimard, 1955. Reprint. Paris: Gallimard, "Idées", 1968. *The Space of Literature*. Translated by Ann Smock. Lincoln: University of Nebraska Press, 1982.

——《未来之书》*Le Livre à venir*. Paris: Gallimard, 1959. Reprint. Paris: Gallimard, "Idées", 1971.

——《白日的疯狂》*La Folie du jour*. Montpellier: Fata Morgana, 1973.

——《彼世的脚步》*Le Pas au-delà*. Paris: Gallimard, 1973.

——《塞壬的歌声：文集》*The Sirens' Song：Selected Essays*. Edited, with an introduction, by Gabriel Josipovici and translated by Sacha Rabinovitch. Bloomington: Indiana University Press, 1982.

——《〈俄耳甫斯的凝视〉及其他文学随笔》*"The Gaze of Orpheus" and Other Literary Essays*. Edited, with an afterword, by P. Adam Sitney and translated by Lydia Davis; foreword by Geoffrey Hartman. Barrytown, N. Y.: Station Hill Press, 1981.

Camus, Albert,《加缪文集》*Essais*. Notes et variantes par Roger Quilliot et Louis Faucon. Paris: Gallimard, "Bibliothèque de la Pléiade", 1965.

Compagnon, Antoine,《文学第三共和国:从福楼拜到普鲁斯特》*La Troisième Répiblique des lettres de Flaubert à Proust*. Paris: Seuil, 1983.

Crouzet, Michel.《司汤达和语言》*Stendhal et la Langage*. Paris: Gallimard, 1981.

Derrida, Jacques.《论文字学》*De la grammatologie*. Paris: Minuit, "Critique", 1967. *Of Grammatology*. Translated by Gayatri Chakravorty Spivak. Baltimore, Md.: Johns Hopkins University Press, 1976.

Febvre, Lucien.《情感与历史:如何重塑以前的情感生活?》"La Sensibilité et l'histoire: Comment reconstituer la vie affective d'autrefois?" *Annales* 1—2(January – June 1941), pp. 5—20.

——《16 世纪的无信仰问题:拉伯雷的宗教》*Le Problème de l'incroyance au seizième siècle: La Religion de Rabelais*. Paria: Albin Michel, 1942. *The Problem of Unblief in the Sixteenth Century: The Religion of Rabelais*. Translated by Beatrice Gottlieb. Cambridge, Mass.: Harvard University Press, 1982.

——《米什莱》*Michelet*. Geneva and Paris: Trois Collines, 1946.

——《一种新历史:吕西安·费弗尔作品集》*A New Kind of*

History：*from the Writings of Lucien Febvre*. Edited by Peter Burke and translated by K. Folca. Lodon：Routeledge and Kegan Paul, 1973.

Flaubert, Gustave.《福楼拜信件集》*Euvres complètes*：*Correspondance*. 12 vols. Paris：Conard, 1926—1954. *The Letters of Gustave Flaubert* (1830—1857). Selected, edited, and translated by Francis Steegmuller. Cambridge, Mass.：Harvard University Press, 1980.

Fontanier, Pierre.《话语的修辞》*Les Figures du discours*. Introduction by Gérard Genette. Paris：Flammarion, 1977.

Foucault, Michel.《古典时代的疯狂史》*Histoire de la folie à l'age classique*. Paris：Plon, 1961. Augmented reprint. Paris：Gallimard, 1972. *Madness and Civilization*. Translated by Richard Howard. New York：Pantheon Books, 1965. Reprint. New York：Vintage Books, 1973.

——《临床医学的诞生》*Naissance de la Clinique*. Paris：Press universitaires de France, 1963. *The Birth of the Clinic*：*An Archeology of Medical Perception*. Translated by A. M. Sheridan Smith. London：Tavistock, 1973.

——《规训与惩罚》*Surveiller et Punir*. Paris：Gallimard, 1975. *Discipline and Punish*：*The Birth of the Prison*. Translated by Alan Sheridan. London：Penguin Books, 1977.

Gadamer, Hans Georg.《真理与方法》*Truth and Method*. Edited by Garrett Barden and John Cumming. New York: Seabury Press, 1975.

Genette, Gérard.《修辞 I》*Figures I*. Paris: Seuil, 1966. Reprint. Paris: Seuil, "Points", 1976.

Habermas, JÜrgen.《合法化危机》*Legitimation Crisis*. Translated by Thomas McCarthy. Boston: Beacon Press, 1975.

——《交往与社会进化》*Communication and the Evolution of Society*. Translated, with an introduction, by Thomas McCarthy. Boston: Beacon Press, 1979.

——《交往行为理论》*The Theory of Communicative Acion*. Translated by Thomas McCarthy. Boston: Beacon Press, 1984.

Hofmannsthal, Hugo von.《霍夫曼斯塔尔文集》*Prosa* 4 vols. In *Gesammelte Werke in Einzelansgaben*. Stockholm: Berman-Fischer, 1950—1955.

——《霍夫曼斯塔尔散文选集》*Selected Prose*. Translated by Mary Hottinger, Tania stern, and James Stern; introduced by Hermann Broch. New York: Pantheon Books, 1952.

Jaspers, Karl.《斯特林堡与梵·高,荷尔德林与斯韦登伯格》*Strindberg et Van Gogh*, *HÖlderlin et Swedenborg*. Traduit par Hélène Naef; précédé d'une étude de Maurice Blanchot. Paris: Minuit, 1953.

Lacan, Jacques.《拉康文集》*Écrits*. Paris: Seuil, 1966. *Écrits*: *A selection*. Translated by Alan Sheridan. New York: Norton, 1977.

Lanson, Gustave. 《文学史的方法》*Méthodes de l'histoire littéraire*. Paris: Les Belles Lettres, 1925.

Michelet, Jules. 《女巫》*La Sorcière*. Paris: Julliard, 1964. *Satanism and Witchcraft: A Study in Medieval Superstition*. Translated by A. R Allinson. Secaucus, NJ.: Citadel Press, 1973.

——《米什莱全集》*Euvre complètes*. Editées par Paul Viallaneix. 21 vols. Paris: Flammarion, 1971—82.

——《人民》*Le Peuple*. Introduction et notes de Paul Viallaneix. Paris: Flammarion, 1974.

Nietzsche, Friedrich. 《偶像的黄昏》*GÖtzen-Dämmerung*. *Werke* 8. Berlin: Walter de Gruyter & Co., 1969.

Perelman, Chaïm. 《修辞帝国》*L'Empire rhétorique*. Paris: Vrin, 1977. *The Realm of Rhetoric*. Translated by William Kluback; introduction by Caroll C. Arnold. Notre Dame, Ind.: University of Notre Dame Press, 1982.

Perelman, Chaïm, and L. Olbrechts-Tyteca. 《论证论：新修辞》*Traité de l'argumentation: La Nouvelle Rhétorique*. Paris: Press universitaire de France, 1958. *The New Rhetoric: A Treatise on Argumentation*. Translated by John Wilkinson and Purcell Weaver. Notre Dame, Ind.: University of Notre Dame Press, 1969.

Proust, Marcel. 《追忆似水年华》*A la recherche du temps perdu*. 3 vols. Paris: Gallimard, "Bibiliothèque de la Pléiade", 1954.

Rememberance of Things Past. Translated by C. K. Scott Montcrieff and Terence Kilmartin. 3 vols. New York: Vintage Books, 1982.

——《驳圣伯夫》*Cotre Sainte-Beuve*. Paris: Gallimard, "Bibiliothèque de la Pléiade", 1971.

Richard, Jean-Pierre.《诗歌与深度》*Poésie et profondeur*. Paris: Seuil, "Pierres vives", 1955. Reprint. Paris: Seuil, "Points", 1976.

Ricoueur, Paul.《时间与叙述》*Temps et récit*. 3 vols. Paris: Seuil, "L'Ordre philosophique", 1983—1985.

Sartre, Jean-Paul.《什么是文学》*Qu'est-ce que la littérature?* In *Situations II*. Paris: Gallimard, 1948. Reprint. Paris: Gallimard, "Idées", 1964. *What Is Literature?* Translated by Bernard Frechtman; introduction by Wallace Fowlie. Gloucester, Mass.: P. Smith, 1978.

Saussure, Ferdinan de.《普通语言学教程》*Cours de linguistique générale*. Edited by Charles Bally and Albert Sechehayé. 4th ed. Paris: Payot, 1949. *Course in General Linguistics*. Translated and annotated by Roy Harris. London: Duckworth, 1983.

Shapiro, Meyer.《19、20 世纪的现代艺术:论文选集》*Modern Art, Nineteenth and Twentieth Century: Selected Papers*. New York: Braziller: 1978.

Starobinski, Jean.《字下面的字:索绪尔的易位书写理论》 *Les Mots sous les mots: Les Anagrammes de Ferdinand de Saussure*.

Paris：Gallimard，1971.

　　Todorov, Tzvetan.《批评的批评：教育小说》*Critique de la critique*： *Un Roman d'apprentissage*. Paris： Seuil， "Poétique"，1984.

　　Vattimo, Gianni.《现代性的终结》*La fine della modernità*. Milan：Garzanti，1985.

　　Veyne, Paul.《如何书写历史：认识论文集》*Comment on ecrit l'histoire*： *Essai d'épisté mologie*. Paris：Seuil，1971. *Writing History*： *Essay on Epistemology*. Translated by Mina Moore-Rinvolucri. Middletown，Conn.：Wesleyan University Press，1984.

　　——《差异清点：在法兰西学院的首次讲课》*L'Inventaire'des différence*： *Leçon inaugurale au Collège de France*. Paris： Seuil，1976.

"轻与重"文丛(已出)

图书在版编目(CIP)数据

罗兰·巴特的三个悖论 /（意）帕特里齐亚·隆巴多（Patrizia Lombardo）著；田建国,刘洁译.--上海:华东师范大学出版社,2017.8
（"轻与重"文丛）

ISBN 978 - 7 - 5675 - 6482 - 4

Ⅰ.①罗… Ⅱ.①帕…②田…③刘… Ⅲ.①巴特（Barthes,Roland 1915—1980）-哲学思想-思想评论 Ⅳ.①B565.59

中国版本图书馆 CIP 数据核字(2017)第 105161 号

华东师范大学出版社六点分社

企划人 倪为国

轻与重文丛

罗兰·巴特的三个悖论

主　　编　姜丹丹　何乏笔
著　　者　（意）帕特里齐亚·隆巴多
译　　者　田建国　刘洁
责任编辑　徐海晴
封面设计　姚　荣

出版发行　华东师范大学出版社
社　　址　上海市中山北路 3663 号　邮编　200062
网　　址　www.ecnupress.com.cn
电　　话　021 - 60821666　行政传真　021 - 62572105
客服电话　021 - 62865537
门市(邮购)电话　021 - 62869887
地　　址　上海市中山北路 3663 号华东师范大学校内先锋路口
网　　店　http://hdsdcbs.tmall.com

印　刷　者　上海中华商务联合印刷有限公司
开　　本　787×1092　1/32
印　　张　7.25
字　　数　120 千字
版　　次　2017 年 8 月第 1 版
印　　次　2017 年 8 月第 1 次
书　　号　ISBN 978 - 7 - 5675 - 6482 - 4/I·1689
定　　价　48.00 元

出　版　人　王　焰

（如发现本版图书有印订质量问题,请寄回本社客服中心调换或电话 021 - 62865537 联系）